Gemeinsam am Tisch des Herrn
Together at the Lord's table

Dialog der Kirchen

Veröffentlichungen des Ökumenischen Arbeitskreises
evangelischer und katholischer Theologen
begonnen unter dem Protektorat von
Bischof Hermann Kunst † und Hermann Kardinal Volk †,
gegenwärtig fortgeführt unter
Bischof Georg Bätzing und Bischof Martin Hein

Band 17

Gemeinsam am Tisch des Herrn
Together at the Lord's table

Herder • Freiburg im Breisgau
Vandenhoeck & Ruprecht Göttingen

Gemeinsam am Tisch des Herrn

Ein Votum des Ökumenischen Arbeitskreises evangelischer und katholischer Theologen

Together at the Lord's table

A statement of the Ecumenical Study Group of Protestant and Catholic Theologians

Für den Ökumenischen Arbeitskreis evangelischer und katholischer Theologen herausgegeben von Dorothea Sattler und Volker Leppin

Herder • Freiburg im Breisgau
Vandenhoeck & Ruprecht Göttingen

MIX
Papier aus verantwortungsvollen Quellen
FSC® C005833

www.herder.de

Umschlagmotiv: Inkrustierte Rosette
(Kalkstein mit Porphyr) aus St. Pantaleon, Köln
Satz: Barbara Herrmann, Freiburg
Herstellung: Těšínská Tiskárna a.s., Český Těšín
Printed in the Czech Republic

ISBN 978-3-451-38647-3 (Verlag Herder)
ISBN 978-3-525-54078-7 (Vandenhoeck & Ruprecht)

Gemeinsam am Tisch des Herrn

Ein Votum des Ökumenischen Arbeitskreises evangelischer und katholischer Theologen

Together at the Lord's table

A statement of the Ecumenical Study Group of Protestant and Catholic Theologians

Für den Ökumenischen Arbeitskreis evangelischer und katholischer Theologen herausgegeben von Dorothea Sattler und Volker Leppin

Herder • Freiburg im Breisgau
Vandenhoeck & Ruprecht Göttingen

MIX
Papier aus verantwortungsvollen Quellen
FSC® C005833

www.herder.de

Umschlagmotiv: Inkrustierte Rosette
(Kalkstein mit Porphyr) aus St. Pantaleon, Köln
Satz: Barbara Herrmann, Freiburg
Herstellung: Těšínská Tiskárna a.s., Český Těšín
Printed in the Czech Republic

ISBN 978-3-451-38647-3 (Verlag Herder)
ISBN 978-3-525-54078-7 (Vandenhoeck & Ruprecht)

Inhalt

Einführung / Introduction

Gemeinsam am Tisch des Herrn / Together at the Lord's table

Einführung / Introduction

Einführung

1. *Vorbemerkungen*

Die in diesem Buch in deutscher und englischer Sprache dokumentierte ökumenische Studie mit dem Titel »Gemeinsam am Tisch des Herrn. Ein Votum des Ökumenischen Arbeitskreises katholischer und evangelischer Theologen« wurde im Rahmen einer Pressekonferenz am 11. September 2019 in Frankfurt am Main der interessierten Öffentlichkeit erstmals vorgestellt. Seit diesem Datum ist diese Studie online über die homepage der Katholisch-Theologischen Fakultät der Westfälischen Wilhelms – Universität Münster in deutscher Sprache zugänglich. Sie hat inzwischen auf unterschiedlichen Ebenen (in der akademischen Theologie, in kirchenamtlichen Gremien sowie in pastoral motivierten Kontexten) bereits eine hohe und in Teilen kontroverse Aufmerksamkeit erfahren. Für alle bisherigen Stimmen sind wir als Wissenschaftliche Leitung im Namen des gesamten Ökumenischen Arbeitskreises (künftig ÖAK) sehr dankbar. Mit Respekt verbundene, konstruktiv orientierte Gespräche über die Thematik Abendmahl/Eucharistie führen die Konfessionen näher zusammen.

Große Resonanz hat bis heute insbesondere das auf das künftige Handeln der Kirchen zielende Votum des ÖAK erfahren, das sich in folgender Weise zusammenfassen lässt: Aus Sicht des ÖAK sind die erreichten Übereinstimmungen in der Lehre von Abendmahl/Eucharistie und Amt zwischen der römisch-katholischen Kirche und den evangelischen Kirchen hinreichend, um dafür zu votieren, sich wechselseitig zur Feier von Abendmahl/Eucharistie in den liturgischen Formen der jeweils anderen Konfession einzuladen und einladen zu lassen. Vorrangig bedeutsam ist dabei das gemeinsame Vertrauen auf Jesus Christus, der in der Kraft des Heiligen Geistes seine erlösende Lebenspreisgabe für alle Sünderinnen und Sünder im Zeichen des Mahles gegenwärtig werden lässt.

Der ÖAK möchte durch die Übersetzung dieser kurzen Einführung sowie der gesamten Studie in die englische Sprache die internationale Rezeption der theologischen Argumentation, die zu diesem Votum geführt hat, erleichtern. In dieser Einführung geben wir Auskunft über die Hintergründe der Studie in der Geschichte des ÖAK (Abschnitt 2.); wir benennen die heutigen ökumenischen Kontexte, in denen diese Studie steht (Abschnitt 3.) und beschreiben vor diesem Hintergrund das besondere Profil der vorliegenden Studie (Abschnitt 4.); wir gehen auf Fragen der zu erwartenden Rezeption ein (Abschnitt 5.); Perspektiven für die künftige Arbeit des ÖAK werden vorgestellt (Abschnitt 6.); wir schließen mit einem besonderen Dank an einzelne Persönlichkeiten und Institutionen (Abschnitt 7.).

2. *Impulse aus der Geschichte des ÖAK*

Seit der Gründung des ÖAK im Jahr 1946 in Paderborn hat unser aus jeweils bis zu 20 evangelischen und römisch-katholischen Wissenschaftlerinnen und Wissenschaftlern unterschiedlicher theologischer Disziplinen bestehendes Gremium auf seinen Jahrestagungen ökumenisch relevante Themen besprochen.[1] Nach einzelnen frühen Veröffentlichungen begann mit der Buchreihe »Dialog der Kirchen« eine Phase, in der der ÖAK in »Abschließenden Berichten« Zusammenfassungen der Beratungen vorlegte.

Viele der vorgelegten Publikationen stehen in einem engen thematischen Zusammenhang mit der hier vorgelegten Studie und sind als Vorarbeiten zu verstehen. Zu diesen wissenschaftlichen Beiträgen des ÖAK, die bei der Rezeption der gegenwärtigen Studie zu berücksichtigen sind, zählen vor allem folgende Publikationen: (1) Die 1983 erschienene Studie zum Thema »Das Opfer Jesu Christi und seine Gegenwart in der Kirche«[2], in der bibeltheologische, historische und systematisch-theologische Erkenntnisse über erreichte ökumenische Konvergenzen in einer zentralen Thematik der Eucharistie- und Abendmahlslehre dargestellt und begründet werden: Dort, wo im Gefolge des Tridentinums vom eucharistischen Opfer die Rede ist, handelt es sich um die auch aus evangelischer Sicht nicht zu beanstandende liturgische Feier zur Vergegenwärtigung der einmaligen und für das Heil der Geschöpfe voll genügsamen Lebenspreisgabe Jesu Christi in seinem Tod für uns. (2) Die 1986 erschienene Studie

[1] Vgl. zur Gründung des ÖAK und zu den Anfängen seiner Geschichte: Barbara Schwahn, Der Ökumenische Arbeitskreis Evangelischer und Katholischer Theologen von 1946 bis 1975, Göttingen 1996.

[2] Vgl. Karl Lehmann / Edmund Schlink (Hg.), Das Opfer Jesu Christi und seine Gegenwart in der Kirche. Klärungen zum Opfercharakter des Herrenmahls, Göttingen / Freiburg 1983.

»Lehrverurteilungen – kirchentrennend?«[3] hat allen kontroversen theologischen Aspekten im Themenbereich Abendmahl/Eucharistie in sehr differenzierter Weise Raum gegeben. Sie stellte sich der Frage, ob die im 16. Jahrhundert ausgesprochenen Verurteilungen der Lehre der jeweiligen theologischen Widersacher aus heutiger Sicht noch von kirchentrennender Wirkung sind. In dieser Studie werden auch Fragen der Ämterlehre behandelt. (3) Die mehrbändige Studie »Verbindliches Zeugnis«[4] ist insofern in der Geschichte des ÖAK von besonderer Bedeutung, als sie hermeneutische Grundfragen in ökumenischer Perspektive behandelte, die bei jeder Einzelfrage zu bedenken sind. Insbesondere das Verhältnis zwischen Schrift und Tradition wurde reflektiert. Auch der Erkenntniswert der in Gemeinschaft gelebten Praxis des Glaubens fand Beachtung. (4) Mehr als acht Jahre hat der ÖAK an der Studie zum Thema »Das kirchliche Amt in apostolischer Nachfolge«[5] gearbeitet. In drei Bänden werden historische Entwicklungen nachgezeichnet, biblische Begründungen erörtert und systematisch-theologische Reflexionen über die theologische Rede von der »Apostolischen Sukzession« angestellt. Differenzierungen werden vorgenommen, die es erlauben, zwischen materialen Aspekten (Verkündigung des Evangeliums) und formalen Aspekten (Gestalt der Übertragung eines Amtes) zu unterscheiden und sie einander zuzuordnen. (5) In der Studie »Reformation 1517 – 2017«[6] hat der ÖAK viele Erkenntnisse früherer Studien gebündelt und die Frage nach den Konsequenzen der erreichten Konvergenzen gestellt.

---

3 Vgl. Karl Lehmann / Wolfhart Pannenberg (Hg.), Lehrverurteilungen – kirchentrennend? Bd. I: Rechtfertigung, Sakramente und Amt im Zeitalter der Reformation und heute, Göttingen / Freiburg 1986. Englische Übersetzung: Karl Lehmann / Wolfhart Pannenberg (eds.), Condemnations of the Reformation Era: Do they still divide?, Minneapolis 1990. Vgl. im Nachgang zu dieser Studie im Blick auf den Themenbereich Abendmahl/Eucharistie auch: Wolfhart Pannenberg (Hg.), Lehrverurteilungen – kirchentrennend?, Bd. III: Materialien zur Lehre von den Sakramenten und vom kirchlichen Amt, Freiburg / Göttingen 1990; Wolfhart Pannenberg / Theodor Schneider (Hg.), Lehrverurteilungen – kirchentrennend?, Bd. IV: Antworten auf kirchliche Stellungnahmen, Freiburg / Göttingen 1994.

4 Vgl. Theodor Schneider / Wolfhart Pannenberg (Hg.), Verbindliches Zeugnis. 3 Bände (Bd. I: Kanon – Schrift -Tradition; Bd. II: Schriftauslegung – Lehramt – Rezeption; Bd. III: Schriftverständnis und Schriftgebrauch), Freiburg / Göttingen 1992–1998; vgl. auch die Übersetzung des Schlussberichts ins Englische: Theodor Schneider / Wolfhart Pannenberg (ed.), Binding Testimony. Holy Scripture and Tradition, Frankfurt / New York 2014.

5 Vgl. Das kirchliche Amt in Apostolischer Nachfolge. 3 Bände (Bd. 1: Grundlagen und Grundfragen; Bd. II: Ursprünge und Wandlungen; Bd. III: Verständigungen und Differenzen), Freiburg / Göttingen 2004–2008.

6 Vgl. Volker Leppin / Dorothea Sattler (Hg.), Reformation 1517 – 2017. Ökumenische Perspektiven, Freiburg / Göttingen 2014 (deutsch und englisch).

3. Gegenwärtige ökumenische Kontexte

Die vorliegende Studie des ÖAK lässt sich nur im Zusammenhang der vielen ökumenischen Studien verstehen, die dem formulierten Votum voraus gegangen sind. Den Mitgliedern des ÖAK ist sehr bewusst, dass auch an vielen anderen Orten im internationalen Raum in analoger Weise die entsprechenden Themen beraten worden sind; viele von ihnen waren und sind selbst daran beteiligt. Viele Mitglieder des ÖAK beklagen, auch angesichts der Debatten um die Gemeinsame Erklärung zur Rechtfertigungslehre, der ein Mangel an realen Folgen vorgeworfen wurde, die ausbleibende rechtliche und praktische Umsetzung der theologischen Erkenntnisse. Vor diesem Hintergrund lassen sich zwei Kontexte benennen, die diese Studie prägen und die miteinander verbunden sind:

(1) In der internationalen ökumenischen Gremienarbeit gibt es in den letzten Jahrzehnten das verstärkte Bestreben, Bündelungen der erreichten Verständigungen vorzunehmen. Das literarische Vorbild bei Befürwortern einer solchen ökumenischen Übung ist die am 31. Oktober 1999 in Augsburg unterzeichnete »Gemeinsame Erklärung zur Rechtfertigungslehre«[7], die einen ökumenischen Konsens in den theologischen Grundanliegen in dieser Thematik feststellt. Die Bemühungen, die Früchte der bereits geführten ökumenischen Dialoge zu ernten[8], haben in der ökumenischen Literatur eine neue literarische Gattung hervorgebracht: die »In via – Erklärungen«, die es auch zum Themenbereich »Abendmahl/Eucharistie« gibt . In ihnen sind die erreichten Stationen auf dem Weg zum Ziel – zur eucharistischen Gemeinschaft – beschrieben. Der Päpstliche Rat zur Förderung der Einheit der Christen hat in diesem Sinne nationale öku-

7 Vgl. Gemeinsame Erklärung zur Rechtfertigungslehre des Lutherischen Weltbundes und der Katholischen Kirche, in: Harding Meyer u. a. (Hg.), Dokumente wachsender Übereinstimmung, Bd. 3 (1990 – 2001), Frankfurt / Paderborn 2003, 419–441; in englischer Sprache: Lutheran-Roman Catholic Dialogue, Joint Declaration on the Doctrine of Justification, in: Gros, Jeffrey et al. (eds.), Growth in Agreement II, Reports and Agreed Statements of Ecumenical Conversations on a World Level (1982–1998), Geneva 2000, 566–582.

8 Vgl. Vom Konflikt zur Gemeinschaft. Gemeinsames lutherisch – katholisches Reformationsgedenken im Jahr 2017, Leipzig / Paderborn 2013; englisch: From Conflict to Communion. Lutheran-Catholic Common Commemoration of the Reformation in 2017. Report of the Lutheran-Roman Catholic Joint Commission for Unity, Paderborn 2013. Vgl. auch: Walter Kasper, Die Früchte ernten. Grundlagen christlichen Glaubens im ökumenischen Dialog, Paderborn 2011; Original in englischer Sprache: Harvesting the Fruits. Aspects of Christian Faith in Ecumenical Dialogue, London / New York 2009.

menische Gremien darum gebeten, Studien zum Themenkreis Kirche, Eucharistie und Amt vorzulegen. Nach der Studie »Declaration on the Way. Church, Ministry, and Eucharist« (2015) in den USA[9] sowie der Studie »Communion in Growth. Declaration on the Church, Eucharist, and Ministry« (2017) in Finnland[10] liegt nun eine weitere ökumenische Studie vor, die – neben der Begründung eucharistischer Gemeinschaft bereits heute – auch von dem Anliegen geprägt ist, die vorausgehenden ökumenischen Erkenntnisse zu bündeln und weiterzuführen.

Die Ökumenische Bewegung möchte an Verbindlichkeit gewinnen. Selbstverpflichtungen angesichts der Gewissheit, in dem einen christlichen Glauben verbunden zu sein, werden eingegangen. Hörbereitschaft, Anerkennung anderer Positionen – all dies prägt die gegenwärtige ökumenische Mentalität auch auf der akademischen Ebene. Die beschriebenen Entwicklungen in der gegenwärtigen ökumenischen Hermeneutik wirkten sich auch bei der Formulierung des in dieser Studie begründeten Votums des ÖAK aus.

(2) In Familien und Gemeinden sowie bei besonderen Anlässen wie beispielsweise auf Kirchentagen wird das ökumenische Miteinander immer selbstverständlicher und das Fehlen der Gemeinschaft in Abendmahl/Eucharistie immer spürbarer. Dies gilt besonders für jene Menschen, die ihren Lebensalltag in einer konfessionsverbindenden Ehe miteinander teilen. Diese Erfahrungen prägen sozial und biographisch auch die Menschen, die sich im ÖAK engagieren. Die Suche nach Möglichkeiten verbindender ökumenischer Spiritualität hat einen Richtungssinn: Sie zielt die Erfüllung im gemeinsamen eucharistischen Mahl an. Die Teilhabe an den liturgischen Feiern anderer christlicher Traditionen kann die Erkenntnis stärken, in der Tiefe des christlichen Glaubens bereits miteinander verbunden zu sein. Viele Christinnen und Christen sind noch unvertraut mit der liturgischen Praxis in anderen kirchlichen Traditionen. Die Erfahrung, in Abendmahl/Eucharistie in dem einen Glauben miteinander das eine österliche Geheimnis zu feiern, kann die Hoffnung auf die sichtbare Einheit der Kirchen stärken.

---

9 Vgl. United States Conference of Catholic Bishops / Evangelical Lutheran Church in America, Declaration on the Way: Church, Ministry, and Eucharist, Minneapolis 2015.

10 Vgl. Evangelical Lutheran Church of Finland / Catholic Church in Finland, Communion in Growth. Declaration on the Church, Eucharist, and Ministry. A Report from the Lutheran-Catholic Dialogue Commission for Finland, Helsinki 2017.

4. Das Profil der vorliegenden Studie

Vor diesem gesamtkirchlichen und auch persönliche Aspekte berücksichtigenden hier skizzierten Hintergrund möchte der ÖAK über eine erneute bloße Beschreibung der erreichten Konvergenzen hinausgehen. Er verbindet die nüchterne Anstrengung der Bündelung der Ergebnisse ökumenischer Dialoge mit einem Votum, mit einer Ermutigung: Es gibt theologische Gründe dafür, dass in den konfessionell geprägten liturgischen Feiern von Abendmahl/Eucharistie das eine Geheimnis der Lebenspreisgabe Jesu Christi für die verlorene Menschheit existentiell erkannt und gemeinsam bedacht sowie in der Mahlgemeinschaft als erlösend erfahren werden kann.

Nach vielen Jahrzehnten gemeinsamer ökumenischer Studienarbeit, im Wissen um die Gemeinschaft in dem einen christlichen Glauben, ist es den Mitgliedern des ÖAK ein Anliegen, ein Votum für eine veränderte ökumenische Praxis zu formulieren.

Es gab bis zur Erstellung der hier veröffentlichten Studie, deren Ausgangspunkt die erreichten Konvergenzen in der Ämterlehre waren, einen langen Weg der Beratungen. der sich über zehn Jahre hinzog und auch von grundsätzlichen Zweifeln an Möglichkeit und Sinnhaftigkeit des Vorhabens begleitet war. Auch im ÖAK wird die Diskussion, ob die Zeit der Dialog-Ökumene nicht zu Ende gehen könnte, weil die theologischen Argumente gerade in den kontroversen Fragen ausgetauscht sind, und eine Annäherung auf kirchenamtlicher, institutioneller Ebene angesichts der geschichtlich geformten sozialen Wirklichkeiten in den eigenständigen Kirchentypen kaum erreichbar erscheint, geführt. Insbesondere jüngere Kolleginnen und Kollegen im ÖAK betrachten es als erneut der Begründung bedürftig, Fragen der Kirchenstruktur in ökumenischen Gremien zu erörtern.

Die Tatsache, dass der ÖAK sich gleichwohl auf mehreren Jahrestagungen mit der Thematik Abendmahl/Eucharistie befasst hat, hatte zwei Vereinbarungen zur Voraussetzung: (1) eigene wissenschaftliche Beiträge zur Sachfrage von Abendmahl / Eucharistie zu bieten, wie sie sich nun vor allem in den exegetischen sowie in den liturgiehistorischen Partien der Studie finden; (2) die Erfahrung erlebter christlicher Glaubensgemeinschaft, die zur eucharistischen Mahlgemeinschaft drängt, nicht zu übergehen.

5. Fragen der Rezeption

In den zurückliegenden Monaten nach der online – Veröffentlichung dieser Studie wurde ersichtlich, dass vielfach vor allem das Votum des ÖAK auf der Handlungsebene aufgegriffen wurde – zustimmend oder abwehrend. Zu wünschen ist, dass die Studie zunächst auch einen Beitrag zur ökumenischen Bildung leisten kann, weil sie in sehr differenzierter Weise über die biblischen Wurzeln, die historischen Entwicklungen und die systematisch-theologisch relevanten Themen der Feier und der Lehre von Abendmahl/Eucharistie Auskunft gibt. Ökumenische Studien über die Thematik Abendmahl/Eucharistie haben auch den Sinn, dazu anzuregen, über den Sinngehalt der liturgischen Feierformen gemeinsam nachzudenken.

Der ÖAK wünscht eine kritische Rezeption, die im Blick auf die unterschiedlichen Ebenen differenziert zu beschreiben ist: (1) Menschen, die sich von dem formulierten Votum angesprochen fühlen, könnten Feiern in bisher fremden christlichen Traditionen erleben und darüber nachdenken, welche Hoffnung getaufte Menschen miteinander verbindet; hilfreich wäre es, wenn die Frage, was einer Person die Feier von Abendmahl/Eucharistie bedeutet, auch miteinander in ökumenischer Gemeinschaft ausgetauscht werden könnte. Zudem könnte in der liturgischen Praxis die ökumenische Sensibilität deutlich verstärkt werden – beispielsweise im Blick auf die stiftungsgemäße Gestaltung der Feier mit Brot und Kelch für alle Feiernden oder hinsichtlich des Umgangs mit den eucharistischen Mahlgaben nach der liturgischen Feier. (2) Die theologische Argumentation in dieser Studie bedarf der detaillierten Prüfung im akademischen Diskurs. Als Autorinnen und Autoren haben wir uns der Frage zu stellen, ob die ökumenischen Interessen, die diese Studie leiten, die Erkenntnis verzerrt haben. Genau dann, wenn dies kritisch, aber auch selbstkritisch thematisiert wird, kann die Debatte über das Verhältnis zwischen akademischer Theologie und kirchlichem Handeln fruchtbar gemacht werden. Zu wünschen ist, dass die theologische Rezeption in Kenntnis der auch an anderen Orten erreichten Ergebnisse ökumenischer Dialoge geschieht. (3) Auf kirchenamtlicher Ebene formuliert die Studie Zumutungen, denen es sich im evangelischen und im römisch-katholischen Rezeptionsraum zu stellen gilt. Es entspricht dem erreichten Stand der ökumenischen Gespräche, die Kontroversen insbesondere im Bereich der Ämterlehren zu sehen. Die notwendig kurzen Ausführungen zu dieser Thematik in dieser Studie sind dabei nur vor dem Hintergrund der mehrbändigen Veröffentlichung zum Thema »Das kirchliche

Amt in apostolischer Nachfolge«[11] angemessen zu diskutieren. Konkret wird die Frage an die evangelischen Kirchen sein, ob die konstitutive Bindung der Leitung des Abendmahles an die Ordination überall in angemessener Weise verwirklicht wird; an die römisch-katholische Kirche richtet sich die Frage, ob sie auch bei einer von einer ordinierten evangelischen Pfarrerin geleiteten Feier des Abendmahls das Vertrauen hat, das Gedächtnis der erlösenden Lebenspreisgabe Jesu Christi werde hier in der Kraft des Geistes Gottes wirksam gefeiert.

6. *Perspektiven*

Es ist geplant, dass ein weiterer Band des ÖAK zum Themenbereich Abendmahl/Eucharistie in der Reihe »Dialog der Kirchen« im Jahr 2021 erscheint. In ihm wird eine ausführliche Würdigung der literarisch greifbaren Stellungnahmen zu den Ausführungen und Anliegen des ÖAK zu finden sein. Das Buch wird auch thematisch vertiefte Einblicke in die exegetischen, historischen, kirchenrechtlichen, praktisch-theologischen und systematisch-theologischen Argumentationen bieten, die der hier veröffentlichten Studie zu Grunde liegen.

Parallel zur Erarbeitung dieser Studie hat sich der ÖAK Fragestellungen zugewandt, die auf den ersten Blick als ökumenisch nicht relevant erscheinen könnten: Gilt die Heilszusage Gottes universal?[12] Gegenwärtig konzentriert sich die Aufmerksamkeit des ÖAK auf die Frage nach dem Verständnis des Wechselspiels zwischen der Freiheit Gottes und der Freiheit der Menschen. Grundfragen der theologischen Anthropologie werden gemeinsam aufgenommen. Bei aller Dringlichkeit solcher Reflexionen erscheint es uns wichtig, den Bezug zur Glaubenspraxis der Kirchen im Blick zu behalten.

---

[11] Vgl. Das kirchliche Amt in Apostolischer Nachfolge. 3 Bände (Bd. I: Grundlagen und Grundfragen; Bd. II: Ursprünge und Wandlungen; Bd. III: Verständigungen und Differenzen), Freiburg / Göttingen 2004–2008.

[12] Vgl. Volker Leppin / Dorothea Sattler (Hg.), Heil für alle? Ökumenische Reflexionen (= Dialog der Kirchen 15), Freiburg / Göttingen 2012.

7. *Dank*

Diese Studie des ÖAK ist ein Werk, das über viele Jahre entstanden ist. Einige Menschen waren mit ihrer Geisteskraft intensiv daran beteiligt, die heute nicht mehr leben. Die meisten Tagungen, auf denen die Studie diskutiert wurde, fanden auf römisch-katholischer Seite unter dem Vorsitz von Karl Kardinal Lehmann statt, der die Fertigstellung nicht mehr erleben konnte. Bei der abschließenden Beratung der Studie im April 2019 war Peter Walter noch intensiv beteiligt und wusste noch nicht von der Krankheit, an deren Folgen er sehr bald danach gestorben ist. Neben den gegenwärtigen Mitgliedern des ÖAK haben einzelne frühere, (im Sprachgebrauch des ÖAK) heute korrespondierende Mitglieder intensiv an den Beratungen teilgenommen – unter ihnen Theodor Schneider und Gunther Wenz.

Wir danken mit hoher Anerkennung seiner Kompetenz Neville Williamson, dem Übersetzer der Studie in seine englische Muttersprache. Wir danken Jan-Hendrik Mönch, der als Wissenschaftlicher Mitarbeiter in Münster die Veröffentlichung bis zu ihrem Abschluss engagiert unterstützte.

Wir danken den Bischöflichen Vorsitzenden, die uns in der Zeit der Erarbeitung dieser Studie immer wieder Mut gemacht haben, sie zum Abschluss zu bringen: Hartmut Löwe (Bonn/Berlin) und Martin Hein (Kurhessen-Waldeck) auf evangelischer Seite, und in Nachfolge von Karl Kardinal Lehmann (Mainz) nun Georg Bätzing (Limburg) auf römisch-katholischer Seite. Bei der Jahrestagung 2020 wird Bischof em. Martin Hein den Bischöflichen Vorsitz an Kirchenpräsident Christian Schad (Pfalz) weitergeben. Das gemeinsame Erleben der eucharistischen Feiern bei den Jahrestagungen des ÖAK hat uns motiviert, die Anstrengung der ökumenisch-theologischen Argumentation sehr gerne auf uns zu nehmen.

Volker Leppin, Tübingen, und Dorothea Sattler, Münster
6. Januar 2020, dem Fest der Epiphanie Gottes in Jesus Christus

Introduction

1. *Opening remarks*

The ecumenical study documented in this book in German and English under the title »Together at the Lord's Table. A statement by the Ecumenical Working Group of Catholic and Protestant Theologians« was presented to the interested public for the first time at a press conference in Frankfurt am Main on 11 September 2019. Since that date, this study has been available online in German on the homepage of the Faculty of Catholic Theology at the University of Münster in Westphalia. In the meantime it has attracted a great deal of attention, partly controversial, on different levels (in academic theology, from official church bodes and in pastorally motivated contexts). On behalf of the entire Ecumenical Working Group (hereafter shortened to ÖAK) we, the academic leadership, are extremely grateful for all the opinions we have heard so far. Constructive conversations on the subject of the Holy Communion/Eucharist, held in a respectful attitude, bring the denominations closer together.

Up to now, there has been a particularly strong echo on the statement by the ÖAK on the churches' future course of action, which can be summarised as follows. In the opinion of the ÖAK, the agreements reached between the Roman Catholic Church and the Protestant churches on the doctrine of the Holy Communion/Eucharist and ministry are sufficient to plead in favour of inviting each other mutually to the celebration of the Holy Communion/Eucharist in the liturgical forms of the respective other denomination and to accept such invitations. Of primary importance is the common trust in Jesus Christ, who in the power of the Holy Spirit makes the redeeming offering of his life present to all sinners in the sign of the meal.

With the English translation of this short introduction and the entire document, the ÖAK wishes to facilitate the international reception of the theological arguments leading to this conclusion. This introduction provides information on the historical background to the study within the ÖAK (section 2); we name the current ecumenical contexts in which this study is located (section 3) and describe the special profile of the present study against this background (section 4); we look into the questions which may be expected during the reception (section 5) and present an outlook for the future work of the ÖAK (section 6.); we conclude with special thanks to individual personalities and institutions (section 7).

2. *Impetus from the history of the ÖAK*

Since the ÖAK was founded in Paderborn in 1946, our group, consisting of up to 20 respectively Protestant and Roman Catholic theologians from different academic disciplines, has discussed ecumenically relevant topics at its annual conferences.[1] After some early single publications, the book series »Dialogue between churches« formed the start of a phase in which the ÖAK presented summaries of its consultations in »Final Reports«.

Many of those publications are closely related to the study presented here and should be seen as groundwork for it. The scientific contributions by the ÖAK which should be taken into account in the reception of the current study include above all the following publications: (1) The 1983 study on »The Sacrifice of Jesus Christ and His Presence in the Church«[2], which took findings from history and biblical and systematic theology in order to present and explain ecumenical convergences that had been reached concerning a central theme of the doctrine of the Eucharist and Holy Communion. Where the term »Eucharistic sacrifice« was used following the Council of Trent, it refers to a liturgical celebration to which Protestants cannot object, namely the re-presentation of Jesus Christ's unique offering of his life in dying for us, fully sufficient for the redemption of his creation. (2) The 1986 study »The Condemnations of the Reformation Era – Do They Still Divide?«[3] provided broad space for a very

[1] Cf. for information about the foundation and beginning of its history: Barbara Schwahn, Der Ökumenische Arbeitskreis Evangelischer und Katholischer Theologen von 1946 bis 1975, Göttingen 1996.

[2] Cf. Karl Lehmann / Edmund Schlink (eds.), Das Opfer Jesu Christi und seine Gegenwart in der Kirche. Klärungen zum Opfercharakter des Herrenmahls, Göttingen / Freiburg 1983.

[3] Cf. Karl Lehmann / Wolfhart Pannenberg (eds.), Lehrverurteilungen – kirchentrennend? Vol. I: Rechtfertigung, Sakramente und Amt im Zeitalter der Reformation und heute, Göttingen / Freiburg 1986. English translation: Karl Lehmann / Wolfhart Pannenberg (eds.), Condemnations of the Reformation Era: Do they still divide?, Minneapolis 1990. Cf. subsequent to this study with focus on the Holy Communion/

differentiated presentation of all controversial theological aspects on the subject of Holy Communion/Eucharist. It confronted the question whether the 16th century condemnations of the respective theological adversaries still had a church-dividing effect from today's point of view. This study also deals with questions of ministry in the church. (3) The study »Binding Witness«[4], comprising several volumes, is of particular importance in the history of the ÖAK in that it adopted an ecumenical perspective in dealing with basic hermeneutical questions to be considered in each individual issue. Special emphasis was laid on reflection on the relationship between Scripture and Tradition. The epistemological value of practical faith experience in Christian fellowship attracted attention. (4) For more than eight years the ÖAK worked on the study »Church Ministry in Apostolic Succession«[5]. In three volumes, historical developments are traced, biblical justifications discussed and theological reflections on »Apostolic Succession« made from the perspective of systematic theology. By distinguishing between material aspects (proclamation of the gospel) and formal aspects (the way in which a ministry is conferred), it is possible to clarify the relationship between them. (5) In the study »Reformation 1517–2017«[6], the ÖAK brought together many findings from earlier studies and posed the question as to whether the convergences reached had led to consequences.

Eucharist also: Wolfhart Pannenberg (ed.), Lehrverurteilungen – kirchentrennend?, Vol. III: Materialien zur Lehre von den Sakramenten und vom kirchlichen Amt, Freiburg / Göttingen 1990; Wolfhart Pannenberg / Theodor Schneider (eds.), Lehrverurteilungen – kirchentrennend?, Vol. IV: Antworten auf kirchliche Stellungnahmen, Freiburg / Göttingen 1994.

4 Cf. Theodor Schneider / Wolfhart Pannenberg (eds.), Verbindliches Zeugnis. 3 volumes (Vol. I: Kanon – Schrift – Tradition; Vol. II: Schriftauslegung – Lehramt – Rezeption; Vol. III: Schriftverständnis und Schriftgebrauch), Freiburg / Göttingen 1992–1998; cf. also the english translation of the final report: Theodor Schneider / Wolfhart Pannenberg (eds.), Binding Testimony. Holy Scripture and Tradition, Frankfurt – New York 2014.

5 Cf. Das kirchliche Amt in Apostolischer Nachfolge. 3 volumes (Vol. I: Grundlagen und Grundfragen; Vol. II: Ursprünge und Wandlungen; Vol. III: Verständigungen und Differenzen), Freiburg / Göttingen 2004–2008.

6 Cf. Volker Leppin / Dorothea Sattler (eds.), Reformation 1517 – 2017. Ökumenische Perspektiven, Freiburg / Göttingen 2014 (German and English).

3. *Present ecumenical contexts*

The study of the ÖAK presented here can only be understood in the context of the many ecumenical studies that preceded this statement. The members of the ÖAK are very conscious that the relevant topics have been discussed in a similar way in many other places on the international stage; many of them were and are involved in this process themselves. In view of the debates on the Joint Declaration on the Doctrine of Justification, which has been accused of failing to bring real consequences, many members of the ÖAK strongly regret the fact that theological findings have not led to legal and practical implementation. Against this background, two contexts can be identified which characterise this study and which are interrelated:

(1) In recent decades, international ecumenical bodies have made increasing efforts to collate the understandings reached. The literary model for advocates of such ecumenical practice is the »Joint Declaration on the Doctrine of Justification«[7] signed in Augsburg on 31 October 1999, which establishes an ecumenical consensus on the basic theological concerns in this field. The efforts to reap the fruits of the ecumenical dialogues already conducted[8] have given rise to a new literary genre in ecumenical literature, the »In via-declarations«, which also exist on the theme of the Holy Communion/Eucharist. They describe the stages reached on the way to the goal of Eucharistic fellowship. To this purpose, the Pontifical Council for Promoting Christian Unity has asked national ecumenical bodies to present studies on the theme of Church, Eucharist, and Ministry. After the study »Declaration on the Way. Church, Ministry, and Eucharist« (2015) in the USA[9] and the study »Communion in

[7] Cf. Gemeinsame Erklärung zur Rechtfertigungslehre des Lutherischen Weltbundes und der Katholischen Kirche, in: Harding Meyer et al. (eds.), Dokumente wachsender Übereinstimmung, Vol. 3 (1990 – 2001), Frankfurt / Paderborn 2003, 419–441; in English: Lutheran-Roman Catholic Dialogue, Joint Declaration on the Doctrine of Justification, in: Gros, Jeffrey et al. (eds.), Growth in Agreement II, Reports and Agreed Statements of Ecumenical Conversations on a World Level (1982–1998), Geneva 2000, 566–582.

[8] Cf. Vom Konflikt zur Gemeinschaft. Gemeinsames lutherisch – katholisches Reformationsgedenken im Jahr 2017, Leipzig / Paderborn 2013; English: From Conflict to Communion. Lutheran-Catholic Common Commemoration of the Reformation in 2017. Report of the Lutheran-Roman Catholic Joint Commission for Unity, Paderborn 2013. Cf. also: Walter Kasper, Die Früchte ernten. Grundlagen christlichen Glaubens im ökumenischen Dialog, Paderborn 2011; Original in English: Harvesting the Fruits. Aspects of Christian Faith in Ecumenical Dialogue, London / New York 2009.

[9] Cf. United States Conference of Catholic Bishops / Evangelical Lutheran Church

Growth. Declaration on the Church, Eucharist, and Ministry« (2017) in Finland[10], we now have a further ecumenical study, which – apart from justifying Eucharistic fellowship today already – is also marked by its intention to gather together and develop the foregoing ecumenical findings.

The ecumenical movement wishes to become more binding. Self-commitments are made in the certain knowledge of being united in the one Christian faith. Readiness to listen, recognition of other positions – all these things shape the present ecumenical mentality, on the academic level as well. The developments in present-day ecumenical hermeneutics described above also had an impact on the formulation of the attitude adopted by the ÖAK in this study.

(2) In families and churches, as well as on special occasions such as the *Kirchentag*, ecumenical cooperation is taken for granted more and more, and it is increasingly obvious that fellowship at the Holy Communion/Eucharist is missing. This is especially true for those people who share their everyday life in an interdenominational marriage. These experiences also have a social and biographical impact on the people who work together in the ÖAK. The search for opportunities to experience unifying ecumenical spirituality points in one direction: it aims at fulfilment in the common Eucharistic meal. Participation in the liturgical celebrations of other Christian traditions can strengthen the recognition that we are already connected with each other at the depths of our Christian faith. Many Christians are still unfamiliar with liturgical practice in other church traditions. The experience of celebrating our joint faith together in the one Paschal mystery of Holy Communion/Eucharist can strengthen the hope of visible unity of the churches.

4. *The profile of the present study*

Against the background outlined here, which encompasses aspects concerning individuals as well as the whole church, the ÖAK would like to go beyond merely describing the convergences achieved. It combines the mundane task of compiling the results of ecumenical

in America, Declaration on the Way: Church, Ministry, and Eucharist, Minneapolis 2015.

[10] Cf. Evangelical Lutheran Church of Finland / Catholic Church in Finland, Communion in Growth. Declaration on the Church, Eucharist, and Ministry. A Report from the Lutheran-Catholic Dialogue Commission for Finland, Helsinki 2017.

dialogues with a plea and an encouraging proposal. There are theological reasons for believing that the different denominational forms of liturgical celebration of the Holy Communion/Eucharist enable the existential recognition and the joint consideration of this unique mystery – Jesus Christ's offering of his life for lost humankind – as well as the experience of salvation in the fellowship with others at the meal.

After several decades of joint ecumenical studies, and in the knowledge that they share the one Christian faith, the members of the ÖAK would like to express their desire for change in ecumenical practice.

Starting out from the convergence achieved in the doctrine of ministry, it took a long ten years of deliberations before the study published here was drafted, accompanied by fundamental doubts as to whether the project was feasible and meaningful. Like others, the ÖAK has conducted the debate as to whether dialogue ecumenism might not come to an end, because all the theological arguments, particularly in controversial questions, have already been exchanged; at the same time, there seems to be little hope of a rapprochement on the level of church authorities and institutions, given the social realities shaped by the history of the various kinds of independent church. Especially younger colleagues in the ÖAK believe that a new justification is necessary before we discuss questions of church structure in ecumenical bodies.

The fact that the ÖAK has nevertheless dealt with the topic of the Holy Communion/Eucharist at several annual conferences was conditional on two agreements: (1) that they would offer their own academic and scientific contributions regarding factual questions of the Holy Communion/Eucharist; these are now principally included in the exegetical as well as in the liturgical-historical sections of the study; (2) that they would not gloss over the practical experiences made by Christian faith communities, pressing towards Eucharistic meal fellowship.

5. *Questions of the reception*

In the last few months following the online publication of this study, it became apparent that it was in many cases the ÖAK's plea for concrete action which was seized upon – whether with approval or rejection. It is to be hoped that the study will make a major contribution to ecumenical education, because it provides very differentiated information on the biblical roots, the historical developments and the relevant systematic-theological themes of the celebration and doctrine of the Holy Communion/Eucharist. Ecumenical studies on the theme of the Holy Communion/Eucharist also have the purpose of stimulating joint reflection on the meaning of various forms of liturgical celebration.

The ÖAK would be pleased to see a critical reception, differentiated on the different levels: (1) People, to whom our plea appeals, could take part in celebrations in Christian traditions which they had not yet experienced and reflect on the hope that unites all who are baptised; it would be helpful if they could also talk about what the celebration of the Holy Communion/Eucharist means to them, discussing it with one another in ecumenical fellowship. In addition, ecumenical sensitivity could be significantly increased in liturgical practice – for example, by offering bread and chalice to all the worshippers in accordance with the institution, or by paying attention to the treatment of the Eucharistic offerings after the liturgical celebration. (2) The theological argumentation in this study needs to be examined in detail in academic discourse. As authors, we have to face the question whether the ecumenical interests guiding this study have distorted the insight. The critical, also self-critical, consideration of this aspect is precisely what can ensure that the debate on the relationship between academic theology and church practice can be made fruitful. With respect to the theological reception, it is to be hoped that people are aware of the results of ecumenical dialogues achieved in other places. (3) At the official church level, the study formulates demands which have to be faced by both Protestant and Roman Catholic recipients. The present state of ecumenical dialogues makes it likely that the controversies will arise particularly in the field of the doctrines of ministry. The comments on this topic in this study are necessarily short and can only be discussed appropriately against the background of the relevant publication in several volumes: »Church Ministry in Apostolic Succession«[11]. Specifically, the question to the Protestant churches will be whether the ministry at Holy Communion is constitutively bound to ordination in all cases and in an adequate fashion; whereas the Roman Catholic Church must answer the question whether it is persuaded that the celebration constitutes an

[11] Cf. Das kirchliche Amt in Apostolischer Nachfolge. 3 volumes (Vol. 1: Grundlagen und Grundfragen; Vol. II: Ursprünge und Wandlungen; Vol. III: Verständigungen und Differenzen), Freiburg / Göttingen 2004–2008.

effective remembrance of Jesus Christ's redeeming gift of his life through the power of the Spirit of God – even when the Holy Communion is conducted by an ordained Protestant woman pastor.

6. *Outlook*

The ÖAK plans to publish a further volume on the theme of the Holy Communion/Eucharist in 2021 in the series »Dialogue between churches«. It will contain a detailed appraisal of those reactions to the ÖAK's statements and concerns which are to be found in written form. The book will also offer deeper thematic insights into the arguments on which this study is based, whether from exegesis, history, canon law, practical theology or systematic theology.

Parallel to the preparation of this study, the ÖAK has addressed issues that at first glance might not appear ecumenically relevant: Is God's promise of salvation universal?[12] At present, the ÖAK is focusing its attention on the question of understanding the interrelationship between God's freedom and the freedom of human beings. Basic questions of theological anthropology are being taken up jointly. Despite the urgency of such reflections, it seems important to us to bear in mind the relation to the faith practice of the churches.

7. *Thanks*

This study by the ÖAK has been the work of many years. Some of the people who brought in their intellectual capabilities with great intensity are no longer alive today. On the Roman Catholic side, Karl Cardinal Lehmann held the chair at most of the meetings in which the study was discussed, but he did not live to see its completion. Peter Walter was still intensively involved in the final consultation of the study in April 2019, but was unaware of the illness which was to lead to his death very soon afterwards. In addition to the current members of the ÖAK, individual former, now (in the parlance of the ÖAK) corresponding members took part intensively in the consultations – among others, Theodor Schneider and Gunther Wenz.

[12] Cf. Volker Leppin / Dorothea Sattler (eds.), Heil für alle? Ökumenische Reflexionen (= Dialog der Kirchen 15), Freiburg / Göttingen 2012.

We would like to pay thanks to Neville Williamson, the translator of the study into his English mother tongue, with great respect for his expertise. We would like to thank Jan-Hendrik Mönch who, as a research assistant in Münster, supported the publication with great dedication until its completion.

We thank the episcopal presidents who, during the preparation of this study, have always encouraged us to bring it to a conclusion: Hartmut Löwe (Bonn/Berlin) and Martin Hein (Kurhessen-Waldeck) on the Protestant side, and now Georg Bätzing (Limburg) as the successor to Karl Cardinal Lehmann (Mainz) on the Roman Catholic side. At the annual conference 2020, Bishop Martin Hein will pass on the episcopal chairmanship to Church President Christian Schad (Palatinate). The common experience of the Eucharistic celebrations at the annual meetings of the ÖAK was a particular motivation to us in the exertions of ecumenical-theological argumentation.

Volker Leppin, Tübingen, and Dorothea Sattler, Münster
6 January 2020, the Feast of the Epiphany of our Lord Jesus Christ

Gemeinsam am Tisch des Herrn / Together at the Lord's table

Gemeinsam am Tisch des Herrn
Ein Votum des Ökumenischen Arbeitskreises evangelischer und katholischer Theologen

1. *Einleitung*

(1.1) Der Ökumenische Arbeitskreis evangelischer und katholischer Theologen, der 1946 in Paderborn unter dem bischöflichen Vorsitz von Lorenz Jaeger und Wilhelm Stählin gegründet wurde, hat sich vielfach und intensiv mit dem Themenkreis »Abendmahl/Eucharistie und Amt« in ökumenischer Perspektive befasst. In zahlreichen internationalen und nationalen ökumenischen Dialogen sind Konvergenzen erreicht worden, die es nun zu bündeln gilt. Auch andere ökumenische Gremien haben in jüngerer Zeit den Versuch unternommen, zusammenfassende Auskünfte über die Themenkreise Kirchenverständnis, Abendmahl/Eucharistie und Amt zu geben.

(1.2) In der ökumenischen Hermeneutik hat vor einigen Jahren die Epoche der Ernte der Früchte der bisherigen ökumenischen Dialoge begonnen. Dieses Anliegen verbindet sich mit der Entschiedenheit, die in der Sache erreichten theologischen Verständigungen mit verbindlich zu vereinbarenden Folgen auf der Handlungsebene zu versehen. Die »Gemeinsame Erklärung zur Rechtfertigungslehre« (1999) kann in unserem Zusammenhang sowohl ein Leitbild als auch ein Mahnzeichen sein: Die Bemühungen, den Stand der Dialoge »in via« – auf dem Weg zur Kirchengemeinschaft – zu sichten, trafen in der Rezeption weithin auf Zustimmung. Zugleich wurde die vermeintliche Folgenlosigkeit der Anstrengungen auf der Ebene des ökumenischen Lebens vor Ort in den Gemeinden, Verbänden und Familien beklagt.

(1.3) Folgende ökumenische Interessen leiten die nachfolgende Darstellung: (1) Es gilt aufzunehmen, dass es in den zurückliegenden Jahrzehnten in den theologischen Dialogen unter ökumenischen Vorzeichen gelungen ist, in allen Fragen, die im 16. Jahrhundert im Hinblick auf die Thematik Abendmahl/Eucharistie kontrovers besprochen worden sind, in einem Maße Verständigungen zu erreichen, die es nicht mehr erlauben, die verbliebenen Differenzen als kirchentrennend zu betrachten. (2) Es wird festgehalten und bekräftigt, dass im Blick auf den theologischen Sinngehalt der Eucharistie/des Abendmahls Einigkeit besteht und dass auf dieser Grundlage die Vielfalt der liturgischen Traditionen gewürdigt wird. (3) Es soll deutlich werden, dass alle theologischen Disziplinen (exegetische, historische, systematische und praktische) einen jeweils eigenen Zugang zu den Themen Abendmahl/Eucharistie eröffnen, der in dem hier entfalteten theologischen Gesamtverständnis von Abendmahl/Eucharistie Berücksichtigung findet; es besteht der Anspruch, jeweils den gegenwärtigen Stand der Forschung zu repräsentieren. (4) Die Vielfalt der liturgischen Praxis in Geschichte und Gegenwart in der Feier von Abendmahl/Eucharistie ist der beständige Bezugspunkt aller Überlegungen. Ziel dieser Überlegungen ist es, alle Bestrebungen anerkennend zu würdigen und zu unterstützen, die den theologischen Sinngehalt bekräftigen und auf dieser Grundlage das Anliegen teilen, Abendmahl/Eucharistie gemeinsam zu feiern. (5) Die Darstellung konzentriert sich auf die westliche Tradition und nimmt die Orthodoxie nur gelegentlich in den Blick; nur schrittweise können Annäherungen in der gesamten Ökumene erreicht werden. Die Ökumene wird jedoch immer auch eine multilaterale Perspektive anstreben müssen, wenn sie ihr Ziel, die Einheit der Kirche im Sinne der gemeinsamen Bekenntnistradition, nicht aus dem Blick verlieren möchte.

(1.4) Wir sprechen im Titel bewusst von der gemeinsamen Feier des Abendmahls/der Eucharistie. Eucharistie ist der danksagende Lobpreis des Handelns Gottes als Schöpfer und Erlöser. Im Letzten Abendmahl ist diese göttliche Verheißung seiner Gegenwart mit Worten und in Zeichenhandlungen für alle Zeiten gegeben. Zum lebendigen Gedächtnis dieses Vermächtnisses Jesu Christi wissen wir uns gemeinsam berufen.

(1.5) Unsere Studie hat folgenden thematischen Aufbau: Der Ausgangspunkt der Überlegungen ist ein gemeinsames Zeugnis im Hinblick auf den theologischen Sinngehalt der Feier von Abendmahl/Eucharistie (Abschnitt 2). In der biblisch-theologischen Grundlegung kommt die in den neutestamentlichen Texten erkennbare Vielfalt der Gestaltung frühchristlicher Mahlfeiern zur Darstellung, die durch das ihr zugrundeliegende Geschehen von Tod und Auferweckung Jesu freigesetzt worden ist (Abschnitt 3). Ein Gang durch die Geschichte der Feierformen macht mit der Vielgestalt der liturgischen Praxis vertraut (Abschnitt 4). Die ökumenischen Kontroversen und die erreichten Konvergenzen werden beschrieben (Abschnitt 5). Eigener Aufmerksamkeit bedarf die Frage nach der (amtlichen) Leitung der Feier von Abendmahl/Eucharistie (Abschnitt 6). Das Verhältnis zwischen Kirchengemeinschaft und eucharistischer Gemeinschaft ist zu bedenken (Abschnitt 7). Am Ende steht ein Votum für eine Öffnung der konfessionellen Mahlfeiern für Christinnen und Christen aus anderen Traditionen (Abschnitt 8).

2. *Gemeinsames Zeugnis*

Es entspricht dem geistlichen Geschehen von Abendmahl/Eucharistie, die Ausführungen mit einem gemeinsamen Zeugnis zu beginnen.

(2.1) Jesus Christus hat den Menschen, die in seinem Namen zusammenkommen, seine Gegenwart versprochen (vgl. Mt 18,20). Er ist mitten unter ihnen, wenn auch nur zwei oder drei sich in seinem Namen versammeln. Er vergegenwärtigt sich ihnen, wenn sie Gottesdienst feiern und sich ihm hörend, singend und betend zuwenden. Er verbindet sich mit ihnen, wenn Menschen die Taufe im Namen des Vaters, des Sohnes und des Heiligen Geistes empfangen, und macht sie zu Gliedern an seinem Leib. Er schenkt sich ihnen in seinem für alle dahingegebenen Leib und Blut, wenn sie sich unter dem Wort seiner Verheißung das Brot und den Wein in der eucharistischen Feier des Abendmahls reichen lassen.

(2.2) Die Zusage seiner Gegenwart überschreitet und umgreift die konfessionellen Grenzen und Grenzziehungen, die der sichtbaren Einheit der Christenheit im Wege stehen – sie ist in tiefstem Sinn ökumenisch. Sie ist der tragende Grund jedes einzelnen Schrittes der Ökumene. Wo auch immer Katholiken, Orthodoxe, Lutheraner, Reformierte, Anglikaner, Baptisten, Methodisten in seinem Namen versammelt sind, erfüllt Christus sein Versprechen, mitten unter ihnen zu sein. Sie sind und werden in Christus geeint, lange bevor sie sich über die konkreten Formen ihrer Einheit verständigt haben und zu konkreten Verabredungen ihres Miteinanders gelangt sind.

(2.3) Es entspricht dem Willen Jesu Christi, dass die an ihn Glaubenden unbeschadet ihrer unterschiedlichen konfessionellen Zugehörigkeiten und Prägungen in seinem Namen miteinander beten und sich zu ökumenischen Gottesdiensten versammeln. Im Leben der Gemeinden und Kirchen manifestiert sich die Ökumene darin am stärksten, dass die Angehörigen der verschiedenen christlichen Kirchen miteinander Gottesdienst feiern und gemeinsam das Vaterunser beten. Das geschieht heute in vielen Teilen der Welt mit erfreulicher Entschiedenheit, Unbefangenheit und Selbstverständlichkeit. Ökumenische Gottesdienste unter der Verheißung der Gegenwart Jesu Christi sind Schrittmacher der Einheit. »Nehmt einander an, wie Christus euch angenommen hat zu Gottes Lob« (Röm 15,7): Die Weisung des Apostels soll gerade hier zu ihrem Recht kommen.

(2.4) Die christlichen Kirchen stimmen in der Gewissheit überein, dass die Selbstvergegenwärtigung Jesu Christi in der Gemeinschaft am Tisch des Herrn ihren dichtesten und tiefsten Ausdruck findet und dass sich die Begegnung mit ihm in der Feier von Abendmahl/Eucharistie in einer für irdische Verhältnisse unüberbietbaren Dichte vollzieht. Daher wird die Trennung am Tisch des Herrn als besonders tiefer Schmerz erfahren. Ihre Überwindung gehört zu den vordringlichen Zielen der ökumenischen Verständigung.

(2.5) Die wechselseitige Anerkennung der Taufe, wie sie von vielen Mitgliedskirchen der Arbeitsgemeinschaft der Christlichen Kirchen in Deutschland 2007 in der »Magdeburger Erklärung« ausgesprochen wurde, kann als ein entscheidender Schritt auf dem Weg zur Gemeinschaft am Tisch des Herrn gelten. Ihre entscheidenden Sätze lauten: »Als Teilhabe am Geheimnis von Christi Tod und Auferstehung bedeutet die Taufe Neugeburt in Jesus Christus. Wer dieses Sakrament empfängt und im Glauben Gottes Liebe bejaht, wird mit Christus und zugleich mit seinem Volk aller Zeiten und Orte vereint. Als ein Zeichen der Einheit aller Christen verbindet die Taufe mit Jesus Christus, dem Fundament dieser Einheit. Trotz Unterschieden im Verständnis von Kirche besteht zwischen uns ein Grundeinverständnis über die Taufe.« Indem durch den Vollzug der Taufe ihre Gliedschaft am Leib Christi begründet wird, sind die Getauften in die Einheit mit Jesus Christus und darin in die Einheit mit seinem Volk hineingenommen. Das »Grundeinverständnis über die Taufe« ist stärker als die Unterschiede im Verständnis der Kirche. Es ist zu klären, ob sich nicht auch im Blick auf das Abendmahl/die Eucharistie ein gemeinsames »Grundeinverständnis« herausstellen lässt, das analog zur Anerkennung der Taufe eine wechselseitige Anerkennung der jeweiligen liturgischen Gestalt der Mahlfeier und ihres theologischen Gehalts ermöglicht und damit zur gegenseitig ausgesprochenen Einladung berechtigt. Dieser Aufgabe will sich der hier vorgelegte Text annehmen.

(2.6) Die Feier des Abendmahls/der Eucharistie vereint mit Jesus Christus und zugleich mit seinem gläubigen Volk aller Zeiten und Orte. Diese Gemeinschaft mit Gott im Geist Jesu Christi umfasst und übergreift Raum und Zeit. Die Feier von Abendmahl/Eucharistie geschieht in der Communio Sanctorum, die in österlicher Hoffnung die Lebenden und die Toten in Gottes Gemeinschaft vereint.

3. *Biblisch-theologische Grundlagen*

Der Glaube und das Leben gründen auf dem heilvollen Handeln Gottes, der Jesus, den Gekreuzigten, von den Toten auferweckt hat. Die geschichtlichen Anfänge der Kirche lassen sich allerdings anhand der vielfältigen Zeugnisse, die in den neutestamentlichen Schriften überliefert sind, nur umrisshaft erkennen.

Unterschiedliche Zeugnisse in den neutestamentlichen Schriften bekunden, dass sich schon in den frühesten Gemeinden spezifische Formen eines Gemeinschaftslebens herausbildeten: die einmalige Taufe auf Jesus Christus, eine regelmäßig wiederholte Mahlfeier in Anknüpfung an das letzte Mahl Jesu mit seinen Jüngern, die soziale Unterstützung Bedürftiger in der Gemeinde (Diakonie) sowie die Ausbreitung der Heilsbotschaft von Jesus Christus (Mission).

Seit ihren im Neuen Testament bezeugten Anfängen sieht die Kirche in der Feier des heiligen Mahls ihre Einheit in der Gemeinschaft mit Jesus Christus abgebildet. Wenn auch die historischen Ursprünge und Gestaltungsformen einer urchristlichen Herrenmahlfeier sich aus den vielfältigen neutestamentlichen und nachneutestamentlichen Zeugnissen nicht mehr eindeutig rekonstruieren lassen, so besteht doch kein Zweifel daran, dass regelmäßig wiederholte Mahlfeiern mit spezifischem Bezug zur Jesus-Christus-Geschichte, die sich von alltäglichen Sättigungsmahlzeiten erkennbar unterschieden, zu den wesentlichen Kennzeichen derjenigen Gemeinden gehörten, die durch Wirken des Heiligen Geistes zu der einen, heiligen, katholischen und apostolischen Kirche verbunden wurden.

Ein signifikantes Merkmal frühchristlicher Herrenmahlfeiern war der Bezug auf das letzte Mahl Jesu mit seinen Jüngern, wie es in den Passionsgeschichten der Evangelien erzählerisch ausgestaltet worden ist, aber auch durch Paulus bezeugt wird (1 Kor 11,23). Sichtbares Kennzeichen dieser Mahlfeiern war die vergegenwärtigende Erinnerung daran, dass in Brot und Wein Jesus sich selbst als heilsame Gabe an seine Jünger ausgeteilt hat. In seinem letzten Mahl verhieß Jesus nach den neutestamentlichen Zeugnissen seinen Jüngern die bleibende Gemeinschaft mit ihrem Herrn über seinen unmittelbar bevorstehenden Tod hinaus. Damit rückte er die Lebens- und Verkündigungsgemeinschaft mit denen, die in die Nachfolge Jesu eintreten, in einen endzeitlichen Horizont. In der eschatologischen Zeichenhandlung des letzten Mahls Jesu bildet sich somit die österliche Gemeinschaft der Gemeinden mit Christus und die endzeitliche Vollendung des Bundes Gottes mit seinem Volk durch Vergebung der Sünden proleptisch ab (vgl. Mt 26,28; 1 Kor 11,23–29).

In österlicher Perspektive zeigt sich hierin der Ursprung der einen Kirche Jesu Christi. Auf dieser Grundlage lassen sich im Neuen Testament sowohl vielfältige Ausgestaltungen von Mahlfeiern erkennen als auch charakteristische Grundzüge einer Mahlpraxis, die auf Tod und Auferweckung Jesu verweist. Diese unterschiedlichen Gestalten von Mahlgemeinschaft im Neuen Testament sind verbunden durch gemeinsame inhaltliche Merkmale und Deutungsperspektiven, die im Folgenden entfaltet werden. Die Quellenlage zu den historischen Anfängen von Abendmahl/Eucharistie und ihren frühesten theologischen Deutungen ist fragmentarisch. Hätte es in der Gemeinde von Korinth nicht Konflikte um die Mahlpraxis gegeben, auf die Paulus reagieren musste, besäßen wir vermutlich keine einzige explizite Äußerung von ihm zu Abendmahl/Eucharistie. Auch setzen manche neutestamentlichen Schriften eine gemeindliche Mahlpraxis voraus, ohne sie eigens zu thematisieren. So wenig auskunftsfreudig sie in Fragen des Gottesdienstes sind, so groß ist die Begründungslast, die ihnen Kirche und Theologie im Blick auf ihre zentralen gottesdienstlichen Vollzüge immer schon aufgebürdet haben. Die Zeugnisse, die wir besitzen, sind ohne ihren biblisch-frühjüdischen Kontext nicht zu verstehen, auch nicht ohne Berücksichtigung antiker Mahlkultur, die immer auch religiöse Aspekte besitzt. In letzter Zeit werden auch die frühen, apokryph gewordenen Apostelakten des zweiten Jahrhunderts und weitere christliche Literatur verstärkt berücksichtigt, um die vielfältige frühchristliche Mahlpraxis besser in den Blick zu bekommen. Die Anfänge liegen in der vorösterlichen Zeit bei der in den Evangelien bezeugten Praxis Jesu, deren Eigentümlichkeit erst aufleuchtet, wenn man sie mit den frühjüdischen Mahltraditionen vergleicht.

(3.1) Das Neue Testament selbst lässt noch keine feste *Terminologie* zur Bezeichnung gemeindlicher Mahlpraxis erkennen. Die Termini, die es verwendet, müssen sich nicht auf identische Feiergestalten beziehen. Sie drücken unterschiedliche Aspekte von Gemeindemählern aus. Paulus spricht vom *Herrenmahl* (1 Kor 11,20), weil er es von dem her deutet, was er »vom Herrn empfangen hat« und was »der Herr Jesus« in der Nacht seiner Auslieferung gesagt und getan hat. In der Feier wird der Tod des Herrn verkündet, »bis er kommt« (1 Kor 11,23–26). Der Terminus *Brotbrechen* (Apg 2,42.46; 20,7.11; 27,35; vgl. auch 1 Kor 10,16) knüpft in jüdischer Mahltradition an den Gemeinschaft symbolisierenden Eröffnungsgestus des Vorstehers der Tischgemeinschaft an (vgl. Mk 6,41 par. Mt 14,19; Mk 8,6 par. Mt 15,36; Mk 8,19; 14,22 par. Lk 22,19; Lk 24,30), bezeichnet das Gemeindemahl aber als Ganzes. Von der *Agape* ist im Neuen Testament nur vereinzelt die Rede, in Jud 12. Der Terminus bezeichnet wohl kein Liebes- oder Sättigungsmahl, von dem sich das »sakramentale« Mahl verselbstständigt hätte, sondern das Gemeindemahl insgesamt (vgl. Tert., Apol. 39). Die Bezeichnung *Eucharistia* ist im Neuen Testament noch nicht gebräuchlich, wohl aber in Texten ab dem zweiten Jahrhundert (vgl. bereits Did 9,1) und steigt dann zu einem führenden Terminus auf; sie leitet sich von den Segens- und Dankgebeten her, die über den Gaben gesprochen werden, und deutet deren konstitutive Funktion für das Mahl an (vgl. 3.10.1). Die spätere Rede vom *Abendmahl* erinnert an das letzte Mahl Jesu mit den Seinen »in der Nacht, da er ausgeliefert wurde« (1 Kor 11,23).

(3.2) Die *biblisch-frühjüdischen Wurzeln* neutestamentlich bezeugter Mahlpraxis werden zunächst bei Jesus greifbar: Er proklamiert das Königreich Gottes nicht nur mit Worten (Mk 1,15; Lk 10,9 par. Mt 10,7), sondern feiert seinen Beginn mit den religiös und sozial Ausgegrenzten und macht es so auch leibhaft in den Mahlfeiern mit »Zöllnern und Sündern« erfahrbar (Mk 2,15–17 par. Mt 9,10–13; Lk 5,27–39; 7,36–50; 9,10–17; 10,38–42; 11,37–53; 15,1f.; 19,1–10). Auch bei Pharisäern und Reichen sitzt er zu Tisch (Lk 14,1–24). Biblisch-frühjüdische Bilder von Mahl und Speise in Fülle für die endzeitliche Königsherrschaft Gottes (Jes 25,6; vgl. Am 9,13–15; Sach 9,17; ApcBar(syr) 29,5f.; Qumran: 1QS[a] 2,17–21) verdichten sich bei Jesus zu einem zentralen Realsymbol, das auch in seinen Bildworten und Gleichnissen, etwa dem vom Gastmahl (Lk 14,16–24 par. Mt 22,1–10), widerhallt (vgl. auch Lk 12,35–38; 13,28f. par Mt 8,11f.; 15,22–32; Offb 3,20; 19,9). Die Freude über den Anbruch der Heilszeit und den Vergebungswillen Gottes kennzeichnen seine Mahlpraxis. Für ihn ist die Zeit seines Wirkens »Hoch-Zeit«, keine Zeit des Fastens (Mk 2,18f.; vgl. auch Joh 2,1–11). Angesichts seines Todes erklärt Jesus, dass er in der vollendeten Königsherrschaft Gottes wieder »von der Frucht des Weinstocks trinken« werde (Mk 14,25), nach Mt 26,29 »mit euch« (vgl. Mt 1,23 und 28,20). Die frühchristliche Erinnerung verbindet die Mahlgemeinschaften Jesu auch mit dem Thema der Speisung des Volks mit Manna in der Wüste (Joh 6,31–33; Mk 6,35–44; 8,1–8; vgl. Hen(aeth) 62,14; ApcBar(syr) 29,8; Offb 2,17) und dem Brotwunder des Elischa (vgl. Joh 6,5–15 mit 2 Kön 4,42–44).

Im Kontext antiker Gastmahlkultur fällt Jesu Mahlpraxis während seines Wirkens in Galiläa durch ihre Offenheit allen im Volk gegenüber auf. Sie durchbricht soziale und religiöse Grenzen und richtet keine rituellen Schranken auf. Sie orientiert sich nicht am Tempel als dem Ort der von Gott den Menschen gewährten Versöhnung, sondern feiert die Annahme der Sünder im Alltag der Welt.

(3.3) Das letzte Mahl Jesu, das er mit den Seinen in Jerusalem vor seinem Tod feiert, wird vom ältesten Evangelisten Markus als *Pascha-Mahl* dargestellt (Mk 14,12–16). Damit rückt es in den Resonanzraum der jährlich begangenen Erinnerung Israels an seine Gründungserzählung, die Befreiung der Israeliten aus dem »Sklavenhaus« Ägypten, die Hoffnung auf zukünftige Erlösung stiftet. Matthäus und Lukas folgen dem ältesten Evangelisten (Mt 26,17–19; Lk 22,7–13), während Lukas die Pascha-Konturen in der Mahl-Szene selbst stärkt, wenn er Jesus gleich zu Beginn erklären lässt: »Mit großer Sehnsucht habe ich danach verlangt, vor meinem Leiden dieses Paschamahl mit euch zu essen« (Lk 22,15; vgl. V.15–18 insgesamt). Der vierte Evangelist vermittelt das Bild eines Abschiedsmahls ohne Pascha-Rahmen, proklamiert aber Jesus von Anfang an als das »(Pascha-)Lamm, das die Sünde der Welt hinwegnimmt« (Joh 1,29.36; vgl. 18,28; 19,36). Alle vier Evangelisten sehen demnach Jesu letztes Mahl, das seinen Tod in Worten und Gesten antizipiert, im Horizont der Geschichte Gottes mit Israel, die auf zukünftige Rettung des Gottesvolkes und die Wegnahme seiner Sünden drängt.

(3.4) Schon die zeitliche Zuordnung von Jesu Abschiedsmahl zum jüdischen Paschafest zeigt, dass ihm als letztem seiner vielen Mähler eine Sonderrolle zukommt. Die von Paulus 1 Kor 11, 23c–25 zitierte sog. Abendmahls-Überlieferung (par. Lk 22,19f.) bewegt sich mit ihren rituellen Elementen »Brechen des Brotes« unter Segensworten und »Segnen des (mit Wein gefüllten) Bechers« nach der Sättigung im Rahmen eines jüdischen Festmahls. Mit den Gesten der Darreichung von Brot und Becher samt dazugehörigen Gabe-Worten eröffnet sie aber neue Perspektiven. Gerade die Gabeworte bestätigen, dass es die biblische Welt ist, welche die Deutungskategorien bereitstellt. Während die Rede vom »neuen Bund« sich in der Tradition von Jer 31,31 bewegt, weist die Blutformel (»in meinem Blut«) auf der Linie des Buches Levitikus auf den Opfercharakter des Todes Jesu hin. In ihm gründet der »neue Bund«, der vom Becher, den Jesus darreicht, symbolisiert wird. Die Rede vom »Leib für euch« (1 Kor 11,24) ist dagegen offen. Ein Bezug auf das stellvertretende Sühneleiden des Gottesknechts (Jes 53) legt sich nahe. Die in der griechischen Welt verbreitete, auch im hellenistischen Judentum gebräuchliche Kategorie eines »Sterbens für (das Vaterland etc.)« könnte gleichfalls im Hintergrund stehen. Die lukanische Parallele zur paulinischen Überlieferung scheint mit ihren kleinen Ergänzungen (Lk 22,19: »mein Leib, *der* für euch *hingegeben wird*«; Lk 22,20: »in meinem Blut, *das für euch vergossen wird*«) den Bezug auf die Schrift zu stärken (vgl. Jes 53,12 LXX; Lev 4,7.18.25.30; 8,15 etc.). Die markinische Variante: »Blut des Bundes, das für viele vergossen wird« (Mk 14,24; vgl. Mt 26,28), deutet den Tod Jesu im Licht der Sinaiperikope Ex 24 (vgl. v.a. V.8) und unter Anspielung auf Jes 53 (»für viele«; vgl. auch Mk 10,45). Im Sterben Jesu am Kreuz zum Heil aller richtet Gott mit den Menschen seinen »Bund« auf. Jesu Worte bei seinem letzten Mahl können in ihrer Bedeutung nur von der Schrift her erschlossen werden.

(3.5) Wenn Paulus und Lukas mit der Abendmahls-Überlieferung die Weisung steten Gedächtnisses verbinden (»dies tut zu meinem Gedächtnis!«: 1 Kor 11,24f.; Lk 22,19), geben sie die Funktion der Überlieferung zu erkennen: Die Aufforderung zur Vergegenwärtigung des letzten Mahls Jesu mit seinen Jüngern dient der theologischen Normierung des rituellen Gemeindemahls. Das letzte Mahl Jesu wird damit zu seinem geschichtlichen Quellgrund und zum Maßstab des Gemeindelebens erklärt.

(3.5.1) Biblisch verstanden, ist die Erinnerung eine Vergegenwärtigung. Sie vollzieht sich hier gemäß dem Auftrag Jesu und im Horizont der Verheißung seiner Gegenwart. Die Weisung steten Gedächtnisses hat zwar auch Analogien in paganen Gedächtnis-Stiftungen von Kultakten; sie erklärt sich aber, wie der Kontext zeigt, entscheidend in der Tradition des Pascha-Gedenkens (vgl. Ex 12,14: »dieser Tag soll euch eine *Erinnerung* sein«; Ex 13,3: »*Gedenkt* dieses Tages, an dem ihr aus Ägypten gezogen seid, aus dem Sklavenhaus«).

Bei Paulus bezieht sich die Aufforderung: »Tut dies zu meinem Gedächtnis« sowohl auf die Brot- als auch auf die Wein-Gabe (1 Kor 11,24.25). Bei Lukas findet sich der Auftrag nur im Anschluss an die Brot-Handlung (Lk 22,19), wenn Lk 22,20 nicht als verkürzte parallele Formulierung aufgefasst wird. Dem entspricht, dass die Mahlerzählungen der Apostelgeschichte nirgends Weingenuss erwähnen und der *terminus technicus* »Brot brechen« heißt. Ob dies auf eine asketische Mahlpraxis ohne Wein schließen lässt, wird in der Forschung kontrovers diskutiert.

(3.5.2) Markus und Matthäus bieten die Weisung steten Gedächtnisses im Anschluss an Jesu Gabeworte und Gesten nicht. Eine Aufforderung zur Wiederholung fehlt, die Rede ist nur von einem erneuten Trinken Jesu an »jenem Tag« im Reich Gottes (Mk 14,25) »mit« seinen Jüngern (Mt 26,29). Dennoch werden die Leser die Worte wiedererkennen, welche die Grundlage des von ihnen gehaltenen Mahls des Herrn bilden. Im Fokus steht bei beiden Evangelisten die Deutung von Jesu Tod. Wenn sie betonen, dass alle Jünger, die auch alle aus dem Kelch trinken (Mk 14,23; Vgl. Mt 26,27), versagen (Mk 14,27.29.31; Mt 26,31.33.35), stellen sie klar, dass alle der »Vergebung der Sünden« bedürfen. Sie wird ihnen geschenkt kraft Jesu Tod, dessen »Blut für viele vergossen wird« (Mk 14,24; Mt 26,28).

(3.5.3) Welche liturgische Rolle die Erzählung vom letzten Mahl Jesu in den Mahlfeiern der frühchristlichen Gemeinden spielte, entzieht sich unserer Kenntnis. Bei der Weisung steten Gedächtnisses handelt es sich nicht um einen Befehl zur Wiederholung der Worte Jesu, der sich gar nur an seine Jünger bzw. die Zwölf (vgl. Mk 14,17) als Vorbilder späterer Amtsträger richtet. Die in der 2. Person Plural formulierten Weisungen bei Paulus haben *alle* an der gegenwärtig vollzogenen Mahlfeier Beteiligten im Blick. Die Texte selbst geben nicht zu erkennen, dass die Gabeworte Jesu während des Gemeindemahls tatsächlich über den Gaben rezitiert wurden. Sie werden auch erst in der in das 3. oder 4. Jahrhundert zu datierenden *Traditio Apostolica* zu einem Teil der »Danksagungen« oder Hochgebete. In den frühen uns bekannten Eucharistiegebeten fehlen sie.

(3.6) Schließt das letzte Mahl Jesu bei den Synoptikern seine Mahlpraxis ab und weist zugleich nach vorne, so erzählt im Ausgang von ihm das lukanische Doppelwerk von der Mahlpraxis der nachösterlichen Gemeinden (Apg 2,46; 20,7–12; vgl. auch 27, 33–38). Das Emmausmahl (Lk 24,13–35) kann als Scharnier begriffen werden. Die beiden Jünger erkennen den Auferweckten daran, dass er ihnen als Tischherr im fremden Haus wie zu Lebzeiten das Brot bricht (Lk 24,35). Die ausdrückliche Hervorhebung dieser Handlung wird zu einem christlichen Spezifikum. In der griechisch-römischen Welt wurde sie, sofern sie überhaupt eine Rolle spielte, als alltägliche Handlung angesehen. Charakteristisch für die erzählte nachösterliche Mahlpraxis der Jerusalemer Ekklesia in der Tradition Jesu ist der österliche Jubel (Apg 2,46; vgl. auch 16,34), der Glaube an die Gegenwart des Auferweckten. Der erste »Sammelbericht« der Apg zum Leben der Gemeinschaft der Jesus-Anhänger Apg 1,14 (»sie alle [die Apostel] verharrten dort einmütig im Gebet, zusammen mit den Frauen und Maria, der Mutter Jesu, und seinen Brüdern«)

erwähnt das »Brotbrechen« noch nicht, erst der zweite »Sammelbericht« Apg 2,42 im Anschluss an die pfingstliche »Ausschüttung« des Geistes und die Taufe der Erstbekehrten. Hervorgehobene Gemeinschaftsmähler gibt es also erst nach dem Empfang des Geistes; sie sind Ausdruck seines Wirkens. »Hausweise« gefeiert, ist den Mahlgemeinschaften Offenheit und Ausstrahlung eigen (Apg 2,47; 20,8: die Versammlung ist nicht geheim, sondern spielt sich im hell erleuchteten Obergemach ab; vgl. auch 27,35). Wie das Emmausmahl Scharnier zwischen der Mahlpraxis des irdischen Jesus und derjenigen der apostolischen Zeit ist, so ist das *Abschiedsmahl* des Paulus in Troas (Apg 20,7–12) – gepaart mit seiner *Abschiedsrede* vor den Ältesten von Ephesus in Milet (Apg 20,17–35) – das Scharnier zwischen der paulinischen Zeit und der »nach dem Weggang« des Paulus (Apg 20,29). Die Handlung des »Brotbrechens« ist mit Zuspruch und Leben verbunden (V.12; ähnlich Apg 27,33–38): Paulus erweckt während der Versammlung einen aus dem Fenster gefallenen jungen Mann mit Namen Eutyches aus dem Tod. Wenn die Episode am Übergang zur nachpaulinischen Zeit das »Brotbrechen« an den »ersten Tag der Woche« anbindet, weist sie programmatisch in die Zukunft (in Apg 2,43–47, dem Idealbild vom Anfang der Kirche, ist noch von täglichen Gemeinschaftsmählern die Rede). Das deutet auf eine *wöchentliche* Gottesdienstpraxis zur Zeit des Lukas hin. Sie war geprägt von der Erfahrung der Gegenwart des Auferweckten im Geist, von Zuspruch und Stärkung im Mahl (vgl. die frühkirchlichen Entwicklungen unter 4.5).

(3.7) Das vierte Evangelium zeigt Jesus als Gast – bei einem Hochzeitsmahl (Joh 2,1–11) oder im kleinen Freundeskreis (Joh 12,1–8) – und als Gastgeber, der vor dem Pascha-Fest in Galiläa an einsamem Ort eine große Volksmenge speist (Joh 6,1–15). Nach Ostern gibt er sich den Seinen in Erinnerung an die Speisung des Volks gleichfalls »am See von Tiberias« im Mahl zu erkennen (Joh 21,1–14). Was er zu Lebzeiten über sich selbst sagt: »Ich bin das Brot des Lebens« (Joh 6,35), das wird im nachösterlichen Mahl, bei dem er gegenwärtig ist, erfahrbar (Joh 21,13).

In die Zukunft weist auch Jesu Wort gegen Ende seiner Brotrede: »Das Brot, das ich geben werde, ist mein Fleisch für das Leben der Welt« (Joh 6,51b). Unter Rückgriff auf die Abendmahls-Überlieferung (Mk 14,22; Mt 26,26; Lk 22,19; 1 Kor 11,24) deutet es Jesu Brot-Gabe mittels des Stichworts »Fleisch« als Verweis auf die bis in die Materialität hineinreichende Realität der Menschwerdung des Logos (vgl. Joh 1,14; 1 Joh 4,2; 2 Joh 7). Bis heute gibt es aber auch die

Tradition, unter Verweis auf Joh 6,63 (»Der Geist ist es, der lebendig macht, das Fleisch nützt nichts«) den Abschluss der Brotrede Joh 6,51b–58 insgesamt metaphorisch zu deuten. Einen eigentlichen »Einsetzungsbericht« zum Herrenmahl enthält das Johannesevangelium dagegen nicht. Zukunftsweisend ist aber die Weisung Jesu an seine Jünger, einander vor dem Abschiedsmahl die Füße zu waschen, in der sich sein Gebot, einander zu lieben, exemplarisch niederschlägt (Joh 13,1–20). Darin deutet er seinen bevorstehenden Tod und stellt das Gemeindemahl unter die Weisung der Liebe untereinander nach seinem Vorbild.

(3.8) Aus den bisher erwähnten und weiteren Mahltexten lassen sich *Feiergestalten* frühchristlicher Mahlpraxis zumindest in Umrissen erkennen. Weil sich die Gemeinden »hausweise« bildeten (Röm 16,5; 1 Kor 16,19; Phlm 2 etc.), gilt grundsätzlich, dass es die hier üblichen Mahlformen, Mahlstrukturen und Mahlgewohnheiten waren, welche die frühchristlichen Gemeinschaftsmähler prägten.

(3.8.1) Paganer wie jüdischer Symposienkultur entspricht es, dass ein rituell-religiöses Mahl als eigenständiges, isoliertes Geschehen in den Gemeinden undenkbar war. Von Anfang an waren die rituellen Gesten und Gebete in ein Sättigungsmahl eingebunden (1 Kor 11,17–34; Apg 2,46). Dazu kamen – dem gesellschaftlichen Charakter derartiger Versammlungen gemäß – der Austausch unterschiedlicher Wortbeiträge und der Gesang geistlicher Lieder (1 Kor 14; Apg 2,46f.; vgl. Kol 3,16f.; Eph 5,18–20). Wie die Abfolge der Teile geregelt war, kann nur vermutet werden. In Korinth ist möglicherweise ein Sättigungsmahl vorangegangen, auf das das rituelle Mahl mit Brot und Wein folgte, das in eine Art »Wortgottesdienst« einmündete. Die Emmaus-Erzählung reflektiert die Grundbausteine Schriftauslegung und Mahl (Lk 24,13–32; vgl. auch Mk 6,34.35–44).

(3.8.2) Die Bestandteile der eigentlich rituellen Handlung sind Brot und (antiker Gewohnheit entsprechend mit Wasser verdünnter) Wein. Von ihrer biblischen Bedeutung als von Gott gegebene, elementare Lebensmittel und Zeichen der Festfreude einmal abgesehen (Dtn 16,13; Ps 104,15; Koh 9,7), besitzt schon die Weise ihrer Darreichung in den kleinen Gemeinschaften der kirchlichen Frühzeit symbolische Ausdruckskraft: Wie für alle *ein* Brotfladen zerteilt wird (vgl. 1 Kor 10,17: »wir alle haben Teil an dem *einen* Brot«), so gibt es auch nur einen Becher mit Wasser verdünnten Weines für die versammelte Gemeinschaft (1 Kor 11,25; vgl. Mk 14,23; Mt 26,27).

(3.8.3) Die Segens- und Dankgebete über Brot und Wein – aber auch über andere Gaben, die mitgebracht und an Bedürftige verteilt wurden wie Öl – stehen in jüdischer Tradition, wie die Tischgebete der Didache belegen (Did 9f.). Es sind die ersten christlichen Gebete dieser Art, die wir kennen. Die neutestamentlichen Autoren setzen durchweg als bekannt voraus, *was* über den Mahlgaben gebetet wurde (vgl. Mk 6,41; Mk 14,22; Mk 8,6; 14,23; Joh 6,11.23; 1 Kor 10,16: »der Becher, den wir segnen«; 11,24).

(3.8.4) Während städtische Vereine zur Homogenität tendierten, feierten in den christlichen Gemeinden Menschen unterschiedlichen Standes, Herkommens und Geschlechts das gemeinsame Mahl, denn grundsätzlich gilt: »Es gibt nicht mehr Jude oder Grieche, nicht Sklave oder Freien, nicht Männliches und Weibliches; denn ihr alle seid einer in Christus Jesus« (Gal 3,28). Weil aber die sozialen und mentalitätsmäßig bedingten Differenzen in den Gemeinden weiterhin Bestand hatten, entstanden ethische Probleme, die von der Mitte des Christusglaubens her zu lösen versucht wurden (vgl. 1 Kor 11,17–34).

(3.8.5) Über die Leitung der ersten Gemeindemähler wissen wir wenig, auch wenn Paulus Leitungsdienste unter den Charismen kennt (1 Kor 12,28; vgl. 1 Thess 5,12–13; Röm 12,8). Weil Charismen Gottesgaben ohne Ansehen von Geschlecht oder Stellung sind, ist davon auszugehen, dass in den ersten Generationen der Kirche (vgl. Röm 16,1) und teils auch später Frauen Leitungsfunktionen innehatten (vgl. Apg 16,14f.40). Lukas gestattet einen Blick in seine Gegenwart, wenn nach Lk 22,26 Jesus während des letzten Mahles die Apostel mahnt: »Der Führende soll werden wie der Dienende« (vgl. auch Lk 12,41–48), oder nach Apg 20,7–12 Paulus im Abschiedsmahl von Troas das Brot bricht, also tut, was später die Gemeindeleiter tun. Nach den Pastoralbriefen liegt es nahe, dass die Episkopen und Presbyter auch der Feier des Abendmahles / der Eucharistie vorgestanden haben, wiewohl es keinen direkten Nachweis gibt. Die Verkündigung des Wortes Gottes, die in der eucharistischen Feier eine wesentliche Rolle spielt, ist grundlegend die Aufgabe der »Apostel und Propheten« (Eph 3,5; 4,11), dann der »Evangelisten, Hirten und Lehrer« (Eph 4,11) sowie der Episkopen und Presbyter (1 Tim 3,2; 4,12–16; 5,17).

(3.8.6) In 1 Kor 14,23–25 setzt Paulus voraus, dass die gemeindliche Versammlung für »Unkundige oder Ungläubige« offen ist. Die Didache am Anfang des 2. Jh. bietet eine eindeutige Regelung: »Niemand […] soll von eurer Eucharistie essen noch trinken als die auf den Namen des Herrn Getauften!« (9,5; vgl. Justin, 1 Apol. 66,1).

(3.9) Das Neue Testament lässt eine Vielfalt von Formen erkennen, das rituelle Mahl im Gedenken an den auferstandenen und in der Gemeinde gegenwärtigen Christus zu feiern. Diese Vielfalt erklärt sich aus den sozialen und kulturellen Kontexten, die divers waren. Sie erklärt sich auch aus unterschiedlichen Akzentsetzungen. Solche Vielfalt steht nicht im Gegensatz zu Zeugnissen des Neuen Testaments, die auf die Einheit des Abendmahls/der Eucharistie verweisen, die sich aus ihrer Begründung in Christus ergibt: »Ein Brot ist es. Darum sind wir viele ein Leib, denn wir alle haben teil an dem einem Brot« (1 Kor 10,17).

(3.9.1) Paulus gibt zwar noch keinen festen zeitlichen Rhythmus der Gemeindemähler zu erkennen (1 Kor 11,26: »sooft ihr von diesem Brot esst ...«). Aber »der erste Tag der Woche« (vgl. 1 Kor 16,2) etablierte sich schon früh als der Tag, an dem das Gemeindemahl gehalten wurde – zunächst als Mahl am Vorabend nach dem Ende des Sabbats, dann am Abend des »Sonntags« (Apg 20,7–12; vgl. vgl. Lk 24,29; Joh 20,19.26). Seine Bezeichnung als »Herrentag« (Offb 1,10; Did 14,1; IgnMagn 9,1; EvPe 9 [35].12[50]) deutet darauf hin, dass er später mit der Erinnerung an die Auferstehung Jesu »am dritten Tag« angereichert wurde. So gedenkt die Sonntagsfeier insbesondere der Auferstehung Jesu (Barn 15,9: »deshalb begehen wir den achten Tag [uns] zur Freude«; Tert., Apol. 16,11: »den Sonntag überlassen wir der Fröhlichkeit«).

(3.9.2) Obwohl ein christliches (quartodezimanisches) Ostern im Anschluss an das jüdische Pascha erst durch Meliton von Sardes (gest. um 180 n. Chr.) bezeugt ist, wird davon auszugehen sein, dass die Juden, die an den Messias Jesus glaubten, das Fest weiter begingen und es mit dem Gedenken an den Tod Jesu vor dem Pascha-Fest füllten. Diese für die frühe Geschichte des Christentums wichtige Tradition bringt das Pascha-Gedenken als Grundlage allen liturgischen Handelns der Kirche in Erinnerung.

(3.9.3) Im Neuen Testament stehen Zeugnisse für österliche Mähler des Auferstandenen mit den Seinen (Lk 24; Apg 1,4; 10,41; Joh 20; 21) neben solchen, in denen im Zusammenhang mit seinem letzten Mahl das künftige Gedenken seines Todes und die Erwartung seines endzeitlichen Kommens artikuliert werden (Mk 14,25; Mt 26,29; 1 Kor 11,26). Damit werden unterschiedliche Formen der Mahlfeier erkennbar.

Wie das lukanische Mahlverständnis sind auch die Eucharistiegebete der Didache (9f.) vom Gedanken der Lebensvermittlung geprägt (vgl. auch Joh 6,35). Diese formulieren kein Passionsgedenken. Gleiches gilt von den Johannesakten und anderen Apostelakten des 2. Jh. (vgl. 4.5).

Das Passionsgedenken wird seinen ursprünglichen »Sitz im Leben« in den frühchristlichen Paschafeiern gehabt haben (Mk 14,22–25 par.). Die schon bei Paulus bezeugte Herrenmahlfeier zeichnet sich durch eine Reihe von Merkmalen aus. Dazu gehören der explizite Verweis auf das Todesgeschick Jesu bzw. seine Auferweckung von den Toten, die Deutung von Tod und Auferweckung Jesu als eines heilvollen, die Identität der feiernden Gemeinschaft bestimmenden Ereigniszusammenhangs, der Gebrauch von Brot und Wein als zeichenhaften Elementen, durch die das Todesgeschick Jesu vergegenwärtigt wird, der Auftrag, solche Mahlfeiern regelmäßig fortzusetzen, und der Ausblick auf die endzeitlich erneuerte Gemeinschaft mit dem auferstanden Christus.

(3.9.4) Es ist davon auszugehen, dass die Taufe von Konvertiten in deren Aufnahme in die ekklesiale Mahlgemeinschaft gipfelte. Obwohl es im Neuen Testament eine Reihe von Indizien gibt, die auf den inneren Konnex von Taufe und Mahl hinweisen (vgl. etwa Apg 10,47–11,3; 16,14f.33f.; 1 Kor 10,1–4; 12,13; Hebr 6,4f.), dauerte es noch, bis es zur Ausbildung eigener Taufeucharistien kam (vgl. Justin, 1 Apol. 65; ActThom etc.).

(3.10) Die neutestamentlichen Texte lassen eine Dynamik der frühchristlichen Gottesdienstentwicklung erkennen. Auch wenn die Quellenlage fragmentarisch ist, verweisen diese Texte zu Entstehung und Deutung des christlichen Abendmahls/der Eucharistie allesamt auf das eine Christusgeschehen, aus dem sich das Leben der Kirche herleitet. Die schon im Neuen Testament sich abzeichnende Pluralität von liturgischen Feiergestalten und ihrer theologischen Deutungen ist wesentlicher Bestandteil ihres Zeugnisses. Gerade in dem so eröffneten Spielraum zeigen sich die theologischen Konturen des Christuszeugnisses, dem die Kirche verpflichtet ist. Dieses eine Christuszeugnis in pluraler Gestalt ist für die neutestamentlichen Texte das Kriterium für eine angemessene Entwicklung der Gottesdienstformen wie auch der Gestaltung des christlichen Abendmahls/der Eucharistie.

(3.10.1) Eine der theologischen Grundfragen lautet: Was unterscheidet das rituelle Mahl vom gewöhnlichen Sättigungsmahl? Paulus unterscheidet beides grundsätzlich (vgl. 1 Kor 11,22.27–29), wobei er den Unterschied nach 1 Kor 10,16 (»der Becher des Segens, den wir segnen«) an den Segens- und Dankgebeten festmacht, die über Brot und Wein gesprochen werden. Im ältesten uns überlieferten eucharistischen Nachtisch-Gebet in der Didache heißt es: »Wir danken dir, heiliger Vater, für deinen heiligen Namen, den du in unseren Herzen hast Wohnung nehmen lassen […]. Du, Herrscher, Allmächtiger, hast alles geschaffen um deines Namens willen, Speise und Trank den Menschen zum Genuss gegeben; uns aber hast du geistliche Speise und Trank geschenkt und ewiges Leben durch Jesus, deinen Knecht […]« (Did 10,1–4). Die Danksagung fasst beides in den Blick: (a) das vorangegangene Sättigungsmahl mit den Gaben des Schöpfers, den zu preisen die Gemeinde allen Grund hat, (b) die eucharistische Speise und den eucharistischen Trank, die sich vom Sättigungsmahl dadurch unterscheiden, dass sie als pneumatisch, geisthaltig und »durch Jesus« vermittelt gedacht werden. Dieselbe Terminologie begegnet schon bei Paulus (1 Kor 10,3f.: »geistliche Speise« – »geistlicher Trank«), was ihr Alter belegt. Paulus könnte sie aus zeitgenössischen Dankgebeten geschöpft haben. Es zeichnet sich ein Modell der Vermittlung von geistlichen Gütern (Pneuma; »ewiges Leben«) durch materielle Gaben (Brot und Wein) als deren Träger ab, woran spätere Rede von der »Sakramentalität« anknüpfen kann.

(3.10.2) Die Rede von der »geistlichen Speise« und dem »geistlichen Trank« (Did 10,3; 1 Kor 10,3f.) verbindet die Mahlthematik aufs Engste mit der Taufe (vgl. oben 3.9.4). »[…] alle zogen durch das Meer und alle wurden auf Mose getauft in der Wolke und im Meer. Alle aßen auch die gleiche geistliche Speise und alle tranken den gleichen geistlichen Trank; denn sie tranken aus dem geistlichen Felsen, der mit ihnen zog. Und dieser Fels war Christus« (1 Kor 10,1–4) Es ist die Taufe mit heiligem Geist, welche in die Mahlgemeinschaft mit Christus hineinführt (vgl. auch Apg 2,46 im Anschluss an das Pfingstfest).

(3.10.3) Die konstitutive Bedeutung der Segens- und Dankesgebete über die Mahlgaben für die Feier insgesamt erschließt sich auch daraus, dass sich an sie die frühchristliche Deutung der Eucharistie mittels der schon im Frühjudentum spiritualisierten Kategorie des Opfers anschließt (vgl. Did 14,1; außerdem V.2f. unter Rezeption von Mal 1,11.14; vgl. auch Ps 141). Die Dankgebete der Eucharistie sind »das Opfer des Lobes«, welches die Gemeinde darbringt (Hebr 13,15).

(3.10.4) Fundamental für das »sakramentale« Mahl ist sein Jesus-Bezug (vgl. Did 9,2.3; 10,2.3 »durch Jesus, deinen Knecht«). Deutlich wird dies in der geschichtlichen Verankerung des rituellen Mahls im Stiftungswillen Jesu. Paulus situiert in 1 Kor 11,23f. die Erzählung »in der Nacht, in der er ausgeliefert wurde«, was sie von einem zeitlosen Gründungsmythos unterscheidet. Die Weisung: »Dies tut zu meinem Gedächtnis!« (1 Kor 11,24f.; Lk 22,19) schreibt der Feier die

Erinnerung an Jesus ein. Erinnerung ist – biblisch betrachtet – immer Vergegenwärtigung des Erinnerten, hier des Heilstodes Jesu. Beachtlich ist auch, dass den Evangelien zufolge das »Zusammen-Essen« von Juden und Heiden in frühchristlichen Mahlgemeinschaften (vgl. Gal 2,12) mit Jesu Praxis begründet werden kann, mit »Zöllnern und Sündern« »zusammen zu essen« (Lk 15,2; Apg 10,47f.; vgl. Mk 2,15–17). Die Erinnerung an Jesus besitzt identitätsstiftende Kraft.

(3.10.5) Das rituelle Mahl umfasst alle Zeitdimensionen. Im Vollzug des »Gedächtnisses« weiß sich die Gemeinde »am Tisch des Herrn« (1 Kor 10,21; vgl. die Rede vom »Herrenmahl« 11,20, auch 11,27) von seiner Gegenwart bestimmt. Zugleich erwartet sie sein Kommen (1 Kor 11,26; vgl. Mk 14,25; Mt 26,29; Lk 22,16.18). Die Vergangenheit wird in die Gegenwart geholt, die ihrerseits in das Licht zukünftiger Vollendung getaucht ist. Schon der älteste christliche Gebetsruf, »Marána thá – Unser Herr, komm!« (1 Kor 16,22; Offb 22,20; Did 10,6), belegt die Hoffnungsstruktur des Mahls. Wenn es »in Jubel« gefeiert wird (Apg 2,46), ist dies Zeichen eines Bewusstseins zwischen den Zeiten.

(3.10.6) Die Gemeinschaft, die im Mahl zum Ausdruck gelangt, hat nach Paulus zwei Seiten, die unlösbar zusammengehören: die *communio* mit dem Herrn und die *communio* untereinander. »Ist der Kelch des Segens, über den wir den Segen sprechen, nicht Teilhabe (κοινωνία/communicatio bzw. participatio) am Blut Christi? Ist das Brot, das wir brechen, nicht Teilhabe am *Leib Christi*? *Ein* Brot ist es. Darum sind wir viele *ein Leib*; denn wir alle haben teil an dem *einen* Brot« (1 Kor 10,16f.). In der Teilhabe an Christus, der für uns sein Blut und seinen Leib hingegeben hat, gründet die Einheit der Gemeinde; in der Teilhabe an dem *einen* Brot verwirklicht sich das *Ein*-Leib-Sein der Vielen (vgl. auch Gal 3,28; Did 9,4).

(3.10.7) Die *communio* mit dem Herrn kann unterschiedlich gedeutet und akzentuiert werden. In den Texten, die der Erinnerung an Jesu letztes Mahl dienen, sammeln sich zentrale christologische und soteriologische Vorstellungen wie in einem Brennglas: Wir hören von Jesu heilvollem Sterben »für euch« (1 Kor 11,24; Lk 22,19.20), »für die Vielen« (Mk 14,24; vgl. Mk 10,45) bzw. »für das Leben der Welt« (Joh 6,51), also von seinem stellvertretenden, den Menschen zugute gestorbenen Tod (2 Kor 5,14f.). Von seinem »vergossenen Blut zur Vergebung der Sünden« (Mt 26,26), also von seinem sündenvergebenden Lebensopfer. Von seinem Tod als dem Ort neuer Bundessetzung (Mk 14,24 par. Mt 26,28; 1 Kor 11,25 par. Lk 22,20). Die Erzählungen von den österlichen Mahlgemeinschaften stellen naturgemäß die Gemeinschaft mit dem auferstandenen Jesus in den Mittelpunkt (Lk 24, Joh

21; Apg 10,41). Das eucharistische Gebet Did 10,1–5 dankt für die Heilsgüter »Erkenntnis, Glaube und Unsterblichkeit«, und auch schon nach Joh 6 vermittelt die eucharistische Speise »ewiges Leben« und die »Auferstehung am letzten Tag« (V.53f.).

(3.10.8) Nach 1 Kor 10,16f. ist es die Teilhabe am Mahl – am »Becher des Segens« und dem »einen Brot« –, welche die *communio* der Mahlteilnehmer mit dem Herrn vermittelt und zugleich die *communio* untereinander grundlegt. Die wohl am meisten diskutierte kontroverstheologische Frage, welche die Christen bis in die jüngere Zeit hin zerstritten hat, lautet: Von welcher Qualität sind die eucharistischen Gaben von Brot und Wein, dass sie die *communio* mit dem Herrn vermitteln? Dass sie von gewöhnlicher Speise und gewöhnlichem Trank zu unterscheiden sind, zeigt ihre traditionelle Bezeichnung als »geistliche Speise« und »geistlicher Trank«. Die Diskussion entzündet sich an den Gabeworten Jesu, welche die Mahlerzählungen in stilisierter Form darbieten, konkret am Gehalt des griechischen *estin* im paulinisch-markinischen Brotwort: »dies [Brot] *ist* mein Leib« (Mk 14,22 par. 1 Kor 11,24), und im markinischen Becherwort: »dieser [Becher] *ist* mein Bundesblut […]« (Mk 14,24). So wenig sich die Rede vom »Blut« Jesu von seinem Tod ablösen lässt, in dem der neue Bund gründet, der durch den gereichten Becher symbolisiert wird, so wenig ist das beim Stichwort »Leib« möglich. Das Brotwort könnte zwar wiedergegeben werden mit: »Dieses [sc. das gebrochene Brot] bin ich selbst«. Aber wahrscheinlich klingt beim Stichwort »Leib« gleichfalls der Gedanke der sich im Tod vollziehenden leibhaftigen Selbsthingabe Jesu mit (vgl. Röm 7,4). Das Brotwort stellt ein Versprechen *(promissio)* dar: Jesus sagt den Seinen zu, bei ihrem gemeinsamen Essen nach seinem Tod in seinem Für-uns-Sein gegenwärtig zu sein und sich uns zu schenken. Die Denkform ist die der *repraesentatio*. Brot und Wein im Mahl repräsentieren Jesus Christus. Der Geber ist in seiner Gabe personal präsent. So ist das Mahl mit seinen Gaben vergegenwärtigendes Zeichen und Unterpfand der Anwesenheit und Nähe Jesu Christi, der sich in diesem Mahl uns mitteilt.

Wenn das vierte Evangelium im Brotwort das Stichwort »Leib« gegen das vom »Fleisch« austauscht und ihm darin vor allem das Corpus Ignatianum (IgnPhld 4; IgnSm 7,1) und Justin (1 Apol. 66) folgen, wird damit nicht eine materiell-substanzhafte Identifizierung von Fleisch und Blut Christi mit den Elementen forciert, sondern die Materialität der Gaben als Hinweis auf die reale Menschwerdung des Logos verstanden.

(3.10.9) Unablösbar von der *communio* mit dem Herrn als Grundbestimmung des Mahls ist die sich in ihm zugleich abbildende *communio* der Mahlteilnehmer untereinander. Mit ihr kommt die soziale Dimension der Mahlpraxis zur Sprache, damit zugleich ihre ethische Seite. Die Mahlteilnehmer sind auf das Liebesgebot verpflichtet, das die Integration von am Rand Stehenden und Sündern einschließt (vgl. Mk 2,15–17; Mt 9,9–13; Joh 13; Apg 2,42 u.ö.). Es ist daher charakteristisch und bezeichnend für das Herrenmahl, dass man sich zu Beginn gegenseitig die Sünden bekennt. In Berufung auf Mt 6,23f fordert die Didache (14,1–3) eine dem Mahl vorangehende Versöhnung untereinander. Wenn Paulus die Korinther angesichts der bei ihrem Gemeindemahl zu Tage tretenden »Spaltungen« zwischen Wohlhabenden und Armen (1 Kor 11,18) an den Lebenseinsatz Jesu »für euch« erinnert (1 Kor 11,24), stellt er damit klar, dass die Leben spendende *communio* des Herrn mit ihnen, wie sie in der Mahlfeier vergegenwärtigt wird, den entscheidenden Maßstab für ihre *communio* untereinander darstellt. Beim Gemeindemahl nur auf den eigenen Vorteil bedacht zu sein und am Tisch »die Habenichtse zu verachten« (1 Kor 11,22) heißt, das »Herrenmahl« zu verraten. Der würdige oder unwürdige Vollzug des Mahls (1 Kor 11,27–29) entscheidet sich am Umgang mit dem Nächsten.

»Seht, wie sie einander lieben«, sagen laut Tertullian Außenstehende über die Christen (Tert., Apol. 39,7). Die bei den Gemeindemählern praktizierte geschwisterliche Liebe wurde zum (propagierten) Markenzeichen der Gemeinden. In der Einsicht, dass die Feier von Abendmahl/Eucharistie Quelle sozialen Handelns ist, liegt ihre Zukunft beschlossen.

(3.11) Aus der Vielfalt der Bezeugungen von Mahlfeiern im Neuen Testament, die für die Feier des Abendmahls/der Eucharistie der Kirche Jesu Christi das biblische Fundament bilden, lassen sich folgende Perspektiven auf die Gemeinschaft aller Getauften am Tisch des Herrn gewinnen:

(3.11.1) Die Gemeinschaft mit Jesus Christus, dem am Kreuz gestorbenen und von den Toten auferweckten Herrn der Kirche, verbindet nach dem Zeugnis des Neuen Testaments alle Mahlteilnehmer untereinander und steht allen Abgrenzungen zwischen ihnen in der Feier des Mahls entgegen.

(3.11.2) Nach neutestamentlichem Zeugnis schenkt sich Jesus selbst in Brot und Wein seinen Jüngern. Kein Tun und Lassen der Kirche, keine liturgischen Formen und institutionellen Regeln, keine Unterschiede in Herkommen und Tradition können und dürfen diesem Geschenk im Wege stehen.

(3.11.3) Die neutestamentlichen Texte eröffnen verschiedene Gestaltungsmöglichkeiten des Abendmahls/der Eucharistie. Auch in der Frage des Mahlvorsitzes lässt sich keine Regelung unmittelbar aus den Texten des Neuen Testaments ableiten. Als konstitutive Bestandteile des Abendmahls/der Eucharistie lassen sich die Verkündigung des Wortes Gottes, die Gemeinschaft aller an Jesus Christus Glaubenden, Gebet und Gesang, Segen und Dank aus der neutestamentlichen Überlieferung begründen. Nach neutestamentlichem Zeugnis lebt die Gemeinde in allen diesen Vollzügen aus dem Gegenüber zu ihrem Herrn Jesus Christus.

(3.11.4) Die Feier des Abendmahls/der Eucharistie ist nach dem Zeugnis des Neuen Testaments kein isolierter Akt der christlichen Gemeinde, der ohne inneren Zusammenhang mit ihren anderen Lebensvollzügen wie der Taufe, der Diakonie und der Mission, an denen sich die eine Kirche Jesu Christi auf Erden erkennen lassen soll, zu betrachten wäre. Vor diesem Hintergrund versteht sich die in altkirchlicher Zeit betonte enge Verbindung von Taufe und Eucharistiegemeinschaft sowie die Betonung der diakonischen Dimenion der Liturgie.

4. Historische gewachsene Vielfalt der Feiergestalten

Gestalt und Gehalt der Feier von Abendmahl/Eucharistie stehen in einem engen Zusammenhang. Bei aller Variabilität in der Form lassen sich auch kontinuierlich durchgehaltene Aspekte bestimmen.

(4.1) Die liturgiehistorische Forschung des 19. Jahrhunderts ist von einer ursprünglichen Einheit der liturgischen Formen in apostolischer Zeit ausgegangen. Diese habe sich erst im Laufe der Zeit in unterschiedliche Traditionen verzweigt, die sich nach der Konstantinischen Wende in die Liturgiefamilien des Ostens und Westens kanalisiert hätten. Diese These wurde im 20. Jahrhundert in Frage gestellt: Statt von ursprünglicher Einheit sei von ursprünglicher Vielfalt auszugehen, die sich aufgrund der Einflüsse der städtischen Zentren im Laufe des vierten und fünften Jahrhunderts auf die überschaubare Zahl von liturgischen Traditionen innerhalb der fünf Patriarchate verringert habe. Die Vereinheitlichung stand im Zusammenhang mit der Dogmenentwicklung. Diese These hat bis heute Bestand, ist allerdings aufgrund des erweiterten Quellenbefunds und zahlreicher neuerer Studien zu modifizieren, etwa in Bezug auf die zentralen Feste im Kirchenjahr.

(4.2) Der Entwurf einer Einheitsliturgie entspricht einem Denken, das eine bestimmte Tradition, nämlich die eigene, als die höchste und einzig wahre kirchliche Ausprägung des christlichen Glaubens ansieht. Solche Sichtweisen hat es sowohl im römischen Katholizismus als auch im Protestantismus gegeben, und es gibt sie mitunter noch heute. Dies ist allerdings sachlich nicht zu begründen. Schon die Wahrnehmung unterschiedlicher und in Teilen widersprüchlicher Traditionen im Neuen Testament lässt die Annahme der Einheitlichkeit als unzutreffend erscheinen. Was die Abendmahlstraditionen betrifft, so kann man die Differenzen zwischen Paulus, den synoptischen Evangelien und dem Johannesevangelium nicht harmonisieren.

(4.3) Die neutestamentlichen Schriften lassen ein vollständiges Bild der Mahlfeiern der ersten Christen nicht erkennen; nimmt man die frühchristlichen Schriften außerhalb des Neuen Testaments hinzu, so zeigt sich eine bunte Vielfalt von Mahltraditionen, die teilweise erheblich von dem relativen Konsens, wie er sich im vierten und fünften Jahrhundert herausbildete, abweichen. Offensichtlich bedient man sich unterschiedlicher Riten und Gebräuche frühjüdischer und hellenistisch-römischer Provenienz. Dabei ist auch die Vorstellung von einer Kontinuität eucharistischen Betens von apostolischer Zeit bis zur Fixierung der Traditionen nicht aufrechtzuerhalten. Allerdings ist davon auszugehen, dass sich die Grundgestalt der Eucharistiegebete mit den drei Vollzügen Danksagung, Anamnese und Epiklese nicht vor dem vierten Jahrhundert nachweisen lässt. Dies hängt vor allem damit zusammen, dass der Kronzeuge für diese komplexe Gebetsstruktur, die sogenannte Traditio apostolica, heute nicht mehr mit derselben Gewissheit wie in der älteren Forschung in das dritte Jahrhundert datiert werden kann, sondern selbst als Zeugnis einer vielfältigen heterogenen Entwicklung gesehen werden muss.

(4.4) Die Gestalten der Gebete und Riten und der Feier insgesamt in den ersten Jahrhunderten sind pluriform. Dies hängt mit verschiedenen Faktoren zusammen. In erster Linie sind soziale Ursachen zu nennen, die unterschiedlichen kulturellen Hintergründe einzelner Bevölkerungsgruppen und ihre konkreten Lebensumstände. Dazu haben soziale, kulturelle und religiöse Faktoren sowie die konkreten Lebensumstände der christlichen Gemeinden beigetragen. Bereits der 1. Korintherbrief reagiert auf soziale Probleme, die beim gemeinsamen Mahl, das zu einer sättigenden Mahlzeit gehörte, zutage traten; diese waren überhaupt erst der Anlass für Paulus, Auskunft über liturgische Bräuche in der korinthischen Gemeinde zu geben. Waren zunächst Symposien nach hellenistisch-römischen Vorbildern und jüdische Gemeinschaftsformen prägend für die Mahlfeiern der frühen Christen, so führte das Wachstum der Gemeinden und ihre Ausdehnung auf unterschiedliche Bevölkerungsschichten und Regionen auch zu eigenständigen Weiterentwicklungen. Für die Ausgestaltung der unterschiedlichen Traditionen war von Belang, ob und in welcher Gestalt Formen jüdischen Gemeinschaftslebens auch in heidenchristlichen Kontexten fortgesetzt wurden und welche Auswirkungen die einsetzende Trennung der christlichen Gruppen von den Synagogengemeinschaften hatte.

(4.5) Außerhalb des Einflussbereichs des von der hellenistischen Kultur geprägten Imperium Romanum konnten sich eigenständige Traditionen entwickeln, wie sie etwa in den apokryphen Thomasakten erkennbar sind. Die hier geschilderten eucharistischen Mähler unterscheiden sich gravierend von dem, was man vor allem mit Blick auf die Erste Apologie Justins lange Zeit als normativ angesehen hatte. Vor diesem Hintergrund wird diese Quelle, die man gerne als erste Bezeugung der aus Wort- und Eucharistiefeier zusammengesetzten Messe angesehen hat, neu interpretiert. Die erwähnten Eucharistiefeiern der apokryphen Apostelgeschichten kennen als zentrales Gebetselement meist litaneiartige Epiklesen, in denen um das Kommen Christi bzw. des Geistes gebeten wird. Hier wie auch in der Didache ist ein expliziter Bezug auf das Pascha-Mysterium nicht gegeben. Diese archaische Form der Herbeirufungen und der Bitten um das Kommen und Wohnen des Göttlichen verdichtet sich in der ostkirchlichen Tradition, wie sie etwa in der Anaphora der Apostel Addai und Mari bis heute existiert. Diese inzwischen von der römisch-katholischen Kirche anerkannte Tradition eucharistischen Betens kennt keine Verba Testamenti, sondern lediglich einen indirekten Bezug auf die Einsetzung durch Jesus Christus.

(4.6) Die Wahrnehmung der liturgiehistorisch zu ermittelnden Vielfalt hat die römisch-katholische Kirche in jüngerer Zeit dazu veranlasst, eine dogmatische Vorgabe zu relativieren, die seit dem Konzil von Florenz galt: die Notwendigkeit der expliziten Rezitation der biblisch überlieferten Worte Jesu Christi bei der Einsetzung der Mahlfeier zu seinem Gedächtnis. Diese Revision könnte ein Anstoß sein, wieder zu der Gelassenheit zurück zu finden, die Augustinus bezeugt. So konnte er in einem Brief an einen Bischof Januarius von der legitimen Vielfalt der *variatio per loca* sprechen, die zu respektieren sei. Die von ihm geforderten konstitutiven Elemente, die unbedingt zu beachten seien, sind erstaunlich wenige. Auch ist zu bedenken, dass die römische Kirche bei Unionsverhandlungen mit orientalischen Kirchen ein weites Entgegenkommen gezeigt hat, zum Beispiel das Zugeständnis des verheirateten Priestertums oder der Verwendung gesäuerten Brotes. Noch am Vorabend der Reformation berichteten italienische Humanisten voller Begeisterung von den unterschiedlichen Riten in der Jerusalemer Grabeskirche (Libellus ad Leonem X). Freilich stand die Frage der Leitung als solche nach der Konstantinischen Wende und der Verfestigung und Professionalisierung der Ämterstrukturen nie mehr ernsthaft zur Debatte. Um das spannungsvolle Verhältnis zwischen dem allgemeinen/gemeinsamen Priestertum aller Gläubigen und dem besonderen Dienstamt recht zu verstehen und darzustellen, bedarf es einer Rückbesinnung auf die frühchristlichen Traditionen, ohne spätere amtstheologische Positionen in die ersten Jahrhunderte zurück zu projizieren. In der Spätantike kam es zu einer Sazerdotalisierung des Amtes der Bischöfe und Presbyter. Damit war eine Neudeutung der priesterlichen Tätigkeit als Darbringung eines Messopfers verbunden, die das antike Verständnis des aus der Taufe erwachsenen Priestertums aller im Sinne eines geistlichen Dienstes in der Nachfolge Jesu Christi weitgehend in Vergessenheit hat geraten lassen.

(4.7) Auch nach der Konfessionsbildung blieb ein Spektrum unterschiedlicher Feiergestalten innerhalb der römisch-katholischen Kirche erhalten. Wie die orientalischen Riten war auch der Ritus im Westen nie einheitlich. Neben dem römischen Ritus blieben der mailändische und Reste des mozarabischen Ritus erhalten, und auch innerhalb des römischen Ritus hielten sich zahlreiche Dialekte alter Diözesanriten bis ins 19. Jahrhundert hinein. Einige Ordensriten blieben auch nach den Einheitsbestrebungen des 19. Jahrhunderts bestehen. Demgegenüber war die Liturgiereform nach dem Zweiten Vatikanischen Konzil eine Normierung, die freilich für die landessprachliche Adaption Spielräume ließ.

(4.8) Sieht man vor dem Hintergrund der geschichtlichen Vielfalt auf die unterschiedlichen Abendmahls-/Eucharistietraditionen der westlichen Ökumene, so wird man sich von der Vorstellung verabschieden müssen, die Fülle dessen, was durch Jesu Christi Stiftung grundgelegt ist, sei in einer einzigen Ausprägung zu feiern. Das bedeutet aber, dass man in anderen Traditionen Bestandteile erkennen und anerkennen kann, die in der eigenen Tradition nicht enthalten sind. In Bezug auf die Ostkirchen ist die Komplementarität der liturgischen Feiern anerkannt. In Bezug auf die Tendenzen zu normativer Vereinheitlichung ist festzustellen, dass Festlegungen und Verengungen stets Gegenreaktionen auf den Plan gerufen haben. Die Geschichte der abendländischen Liturgie ist eine Geschichte von Liturgiereformen, die von der Spannung zwischen Vielgestaltigkeit und Vereinheitlichung geprägt sind.

Das liturgische Leben einer mittelalterlichen Stadt hat man sich äußerst bunt vorzustellen. Neben der offiziellen, in ihrem Kern weitgehend verfestigten eucharistischen Liturgie bildeten sich vielfältige Ausdrucksformen gemeinschaftlicher und individueller Spiritualität heraus, die eine Vielfalt widerspiegeln, trotz relativer Einheitlichkeit in den Kernbereichen. Die problematische Entwicklung der Eucharistiefeier zu einer Privatveranstaltung des Priesters und der daraus resultierenden Trennung von Messopfer und Sakrament der Kommunion provozierte eine Vielfalt von Formen eucharistischer Frömmigkeit, die trotz mancher problematischer Züge dennoch Ausdruck gelebter Spiritualität waren und sind. Neben den vielfältigen Formen der Anbetungsfrömmigkeit sind die selbstständigen Feiern der Gläubigenkommunion zu nennen, die zum Anknüpfungspunkt für die Abendmahlsliturgie im oberdeutschen Gebiet und der heutigen Schweiz wurden, während der Hauptstrom der lutherischen Liturgien sich an der Grundform der Messe ausrichtete. Durch die Anpassung sowie später durch die Streichung der Kanongebete erfolgte eine wesentliche Konzentration auf Einsetzungsworte und Austeilung von Brot und Wein. Die ausführlichen, in lutherischen wie reformierten Feiern verankerten Abendmahlsvermahnungen boten unterschiedlich nuancierte Abendmahlsdeutungen, prägten die Feier dann gleichwohl stark durch die enge Verknüpfung von Sündenbekenntnis und Karfreitagstheologie. Die gegenwärtigen evangelischen Liturgien zeigen eine Vielfalt von Gestaltungselementen beim Abendmahl, die aber erkennbar rückgebunden bleibt an die beiden Grundformen der Messe und des Predigtgottesdienstes (mit Kommunionfeier) und gleichzeitig – nicht zuletzt in der Wiedergewinnung der Abendmahlsgebete – eine starke ökumenische Konvergenz aufweisen.

(4.9) Schon die Liturgiereformen der Reformationszeit in ihren unterschiedlichen konfessionellen Ausprägungen stehen in einer Tradition vielfältiger Feierformen – einer Vielfalt, die bis in die apostolische Zeit zurückreicht. Wenn man sich von einem Einheitsideal im Sinne von Einheitlichkeit verabschiedet, die immer ein Wunschbild war, kann man der Unterschiedlichkeit und gelegentlich auch Gegensätzlichkeit der verschiedenen Traditionen und Konventionen Positives abgewinnen. Die Vielfalt ist dann nicht mehr Bedrohung, sondern kann als Reichtum erfahren werden, vorausgesetzt, dass man auf der Grundlage eines gemeinsamen Verständnisses des theologischen Sinngehalts des von Jesus gestifteten Abendmahls die Andersheit des anderen akzeptiert und die eigene Tradition nicht absolut setzt. So wie die geschichtlich gewordene Zweiteilung der Christenheit in ein östliches und ein westliches Christentum inzwischen als zur Grundgestalt der gegenwärtigen Kirche gehörend angesehen wird, die gleichsam mit zwei Lungenflügeln atmet, so geschieht dies zunehmend auch in Bezug auf die unterschiedlichen Traditionen innerhalb der westlichen Christenheit. Lässt man die klassischen Vorurteile gegenüber der je anderen Konfession einmal beiseite, wird man die Qualitäten des jeweiligen Zeugnisses erkennen und anerkennen, ohne sich dies aneignen und die eigene Identität aufgeben zu müssen. Eine solche Haltung wird freilich nicht ohne Auswirkungen auf das Selbstverständnis und die eigene liturgische Praxis bleiben.

5. Ökumenische Einsichten zur Theologie von Abendmahl/Eucharistie

5.1 Entscheidungen und Scheidungen im 16. Jahrhundert

(5.1.1) Schon im frühen Mittelalter waren sich Theologen unsicher, wie sie die von Augustinus vor dem Hintergrund eines platonischen Urbild-Abbild-Schemas nahegelegte Deutung des Herrenmahls als eines vorwiegend symbolischen Geschehens mit der starken Betonung der Realität der Präsenz Christi im eucharistischen Geschehen bei Gregor dem Großen verbinden sollten. Eine neue Note bekamen die Auseinandersetzungen, als mit Berengar von Tours im 11. Jahrhundert ein Theologe auftrat, der das Geschehen im Abendmahl mit aristotelischer Begrifflichkeit zu klären suchte und es für philosophisch undenkbar hielt, dass eine Wandlung der Substanz der Elemente die Präsenz Christi in den Elementen bewirke. Die Reformpäpste verpflichteten ihn, in einer Erklärung die reale Präsenz Christi in den Elementen anzuerkennen. In dieser ersten von Berengar unterzeichneten Erklärung von 1059 wurde dem Symbolismus eine problematische Formulierung des Realismus entgegengestellt. Zufriedenstellend war das nicht, und auch Berengar zeigte kein theologisch begründetes Einsehen. Später – im Jahr 1079 – legte er erneut ein Glaubensbekenntnis ab, denn als Ergebnis der Auseinandersetzung kam es zu einer – später von Luther ausdrücklich gutgeheißenen – sprachlichen Fassung, welche die Möglichkeit bot, die reale leibliche Präsenz Christi in den Elementen anzuerkennen. Indem diese zweite Erklärung von einer Substanzverwandlung (noch nicht Transsubstantiation) spricht, überwindet sie die Aporien des Gegensatzes von Symbolismus und Realismus. Mit der Veränderung der philosophischen Denkformen und Begriffe wurde die sakramententheologische Reflexion auf eine neue Ebene gestellt.

(5.1.2) Da der Streit an der aristotelischen Philosophie angesetzt hatte, führte er indirekt zu deren Aufnahme in die offizielle kirchliche Lehrbildung. So benutzte das IV. Laterankonzil 1215 zur Beschreibung der Gegenwart unter den Elementen das Verb *transsubstantiare*. Daraufhin hat insbesondere Thomas von Aquin eine umfassenden Lehre von der Transsubstantiation entwickelt, die er ausdrücklich als komplexe Umschreibung eines letztlich übernatürlichen Vorgangs betrachtete: Christus ist nicht abgrenzbar und nicht räumlich unter den eucharistischen Elementen, sondern auf eine sakramentale Weise gegenwärtig, deren Sinn in ihrer Wirkung liegt, den Menschen zu einem Leben aus Gnade zu bewegen (S.th. III q. 79 a. 1). Die Gegenwart Christi ereignet sich dadurch, dass das Sakrament eine Repräsentation des Geschehens am Kreuz ist (S.th. III q. 73 a. 5 resp.), also weder identisch mit diesem noch eine Wiederholung, sondern eine Vergegenwärtigung, in welcher nach mittelalterlichem Verständnis der Priester eine zentrale Rolle spielt. In dieser Vergegenwärtigung kulminiert die doppelte Bewegung in der Sinnorientierung des Kreuzesgeschehens, in welchem Gott sich den Menschen schenkt und zugleich das einmalige Opfer am Kreuz vollzogen wird. Um eine aristotelische Überformung der Theologie handelt es sich dabei nicht. Aristotelisch ist nämlich undenkbar, dass Substanz und Akzidentien in der Weise auseinandertreten, wie dies im Fall der Eucharistie geschehen soll. Deshalb stießen sich bereits Zeitgenossen an der von Thomas von Aquin entwickelten Transsubstantiationslehre. Namentlich der Dominikaner Dietrich von Freiberg und Heinrich von Gent sind hier zu nennen. In der Folgezeit wurde die Diskussion nochmals komplexer. Beispielsweise vermochte William von Ockham keine plausiblen Sachgründe für die Transsubstantiationslehre zu finden, sah sich aber durch die kirchliche Lehre dazu verpflichtet, sie zu vertreten.

(5.1.3) Die reformatorische Kritik entzündete sich vor allem am Opferbegriff, besonders an seiner Verbindung mit Messen, die ohne Beteiligung von Kommunizierenden allein durch den Priester vollzogen wurden und sich mit der Hoffnung auf eine besondere Zuwendung Gottes zu den Stiftern solcher Messen verbanden. Luther sah hierin eine Verkennung der ausschließlich von Gott herkommenden Dynamik des Erlösungs- und Rechtfertigungsgeschehens und entwickelte im Gegenzug eine Abendmahlstheologie, in deren Mittelpunkt die ausschließliche Selbsthingabe Jesu Christi stand, welche im Glauben der Kommunizierenden an ihr Ziel kommt. Bedeutung und Wirkung der Abendmahlsfeier hängen dabei nach Wittenberger Lehre an der Verkündigung der Einsetzungsworte. Die Mahlfeier obliegt hierzu ordnungsgemäß (rite vocatus) beauftragten Amtsträgern (vgl. CA XIV [BSLK 109,11f]). Diese Auffassung haben die in Augsburg mit der Prüfung beauftragten Confutatoren ausdrücklich bejaht, allerdings hinzugefügt, eine solche Berufung müsse gemäß dem gültigen kanonischen Recht vollzogen werden (Confutatio Ed. Immenkötter 112,1f; 113,1). Diese Forderung hat die Apologie der CA wiederum nicht schlankweg abgewiesen, sondern eine grundsätzliche Bejahung der kirchenrechtlich verfassten *politia Ecclesiastica* wiederholt und die Verantwortung für den Streit den Bischöfen zugewiesen, welche die reformatorische Lehre nicht zuließen (BSLK 518–521). Dabei hat sie sogar auch die Möglichkeit eröffnet, die Ordination mit striktem Bezug auf die Evangeliumsverkündigung als Sakrament zu bezeichnen (BSLK 514f).

(5.1.4) Luther betonte zwar die Vorrangigkeit der geistlichen Speisung im Abendmahl, hat die Realpräsenz »in, mit und unter« (so zusammengefasst in FC.SD V [BSLK 1468,22]) den Elementen aber immer verteidigt. Die Transsubstantiationslehre bestritt er vor allem unter dem Gesichtspunkt, dass mit ihr aristotelische Vorannahmen in die kirchliche Lehrbildung aufgenommen und als verbindlich angesehen worden seien. Ihr Anliegen – die Bindung der Gegenwart Christi an die Elemente – hingegen teilte er vollauf. Daher konnte man in CA X mit der Formulierung, Christus sei »unter gestalt des brods und weins im Abentmal« gegenwärtig (BSLK 104,9), sogar unmittelbar an die Formulierungen des IV. Lateranums anknüpfen, weswegen die Confutatoren keine Schwierigkeit hatten, diese lutherische Lehre im Grundsatz anzuerkennen; sie verlangten lediglich, dass die Reformatoren die Konkomitanzlehre, nach welcher der ganze Christus auch in einem der Elemente allein präsent sein könne, anerkennen. Der Sache nach war dies, wie die Schmalkaldischen Artikel (ASm III; BSLK 766,24–768,8) zeigen, auch durchaus unproblematisch. Kritisiert wurde der Verzicht auf die Kelchkommunion gleichwohl, weil er der Einsetzung des Abendmahls durch Jesus nicht entspreche.

(5.1.5) Bereits im 16. Jahrundert gab es jedoch innerevangelische Kontroversen. Luther verteidigte die reale Präsenz Jesu Christi im Abendmahl vehement gegen Andreas Karlstadt und Ulrich Zwingli. Zwingli hatte ihm gegenüber die Dynamik des Abendmahlsgeschehens geradezu umgekehrt; er betrachtete das Abendmahl als einen reinen Zeugnis- und Bekenntnisakt der Glaubenden und legte die Gegenwart Christi in Brot und Wein als pneumatisch gewirkte Erinnerung aus. Hierüber konnten beide im Marburger Religionsgespräch keine Einigung erlangen. In der Wittenberger Konkordie von 1536 wurde dann die moderate Position des Straßburger Reformators Martin Bucers, nach welcher Christus nicht durch räumliche, sondern »durch Sacramentliche einigkeit« gegenwärtig sei, als legitime Auslegung der Confessio Augustana anerkannt. Aber dadurch kam keine dauerhafte Einigung zustande. Im Zuge der Reformation verbanden sich theologische Positionen mit konfessionellen Standpunkten. Von reformierter und anglikanischer Seite wurden prinzipielle Einwände gegen das altgläubige Eucharistieverständnis geäußert. Sowohl im Heidelberger Katechismus (Frage 78) als auch in den Neununddreißig Religionsartikeln (Artikel 28) wird die Transsubstantiationslehre mit deutlichen Worten abgelehnt.

(5.1.6) Johannes Calvin bemühte sich ausdrücklich darum, die geschilderten Anliegen im Hinblick auf eine innerreformatorische Verständigung in der Abendmahlslehre aufzugreifen und weiterzuentwickeln. Für ihn war das Abendmahl verständlich als äußerer Haftpunkt eines Geschehens zwischen der Selbsthingabe Christi, der auf geistliche Weise real präsent ist, und der gläubigen Erhebung zu Gott. Auseinandersetzungen im Zuge der sich etablierenden Konfessionen verhinderten es aber, dass die Mehrheit des sich formierenden Luthertums das gemeinsame Anliegen wahrzunehmen vermochte: Bis zur Leuenberger Konkordie vom 16. März 1973 waren Lutheraner und Reformierte über die Frage der Bindung der Gegenwart Christi an die Elemente getrennt. Dann aber konnten sie sich auf einen in Christus als Gabe zentrierten Satz einigen: »Im Abendmahl schenkt sich der auferstandene Jesus Christus in seinem für alle dahingegebenen Leib und Blut durch sein verheißendes Wort mit Brot und Wein« (Leuenberger Konkordie, Nr. 18).

(5.1.7) Das Konzil von Trient hielt an der Eucharistielehre, wie sie die mittelalterliche Theologie formuliert hatte, grundsätzlich fest. Das Eucharistiedekret (vgl. Decretum de sanctissimo eucharistiae sacramento, Caput 4, Canon 2) bestätigte die Realpräsenz Christi unter den Gestalten von Brot und Wein und zwar aufgrund der auf dem IV. Laterankonzil formulierten Lehre von der Transsubstantiation. Es schloss eine begrifflich anders gefasste Deutung des Abendmahlsgeschehens aber nicht kategorisch aus, indem es den Begriff der Transsubstantiation als *aptissime* (äußerst angemessen) bezeichnete, um dieses Glaubensgeheimnis zu beschreiben, und diesen Begriff damit für künftige theologische Reflexion offenhielt.

Hinsichtlich der in der mittelalterlichen Theologie nicht abschließend geklärten Messopferlehre präzisierte das Konzil (vgl. Doctrina de sanctissimo missae sacrificio, Caput 1) in Antwort auf die harsche Kritik der Reformatoren in dieser Frage, dass die Messe keine Wiederholung des einmaligen Kreuzesopfers Christi sei, wohl aber dessen *memoria* (Erinnerung), *repraesentatio* (Vergegenwärtigung) und *applicatio* (Zuwendung) – verstanden als Sühnopfer, durch das wir »Barmherzigkeit empfangen und Gnade finden als Hilfe zur rechten Zeit (Hebr 4,16)«. Diese theologische Klärung des Verhältnisses zwischen Kreuzesopfer und Messopfer ist für das ökumenische Gespräch von grundlegender Bedeutung. Das Konzil bezeichnete die liturgische Praxis der Feier von Messen, in denen nur der Priester kommuniziert, als legitim. Zugleich hielt es die für die Reformatoren so wichtige Praxis des Kommunionempfangs unter den beiden Gestalten von Brot und Wein für erlaubt und bestätigte lediglich mit ausführlicher theologischer Begründung die Lehre, dass der Empfang der Eucharistie unter beiden Gestalten nicht durch ein göttliches Gebot vorgeschrieben sei und die konsekrierte Hostie den ganzen Christus enthalte. Im Anschluss an das Konzil konzedierte der Papst den Kommunionempfang unter beiden Gestalten für Österreich und Bayern, was später aus konfessionspolitischen Gründen widerrufen wurde.

5.2 Wo stehen wir heute? Lehrdifferenzen und Konvergenzen

(5.2.1) Bestimmte Unterschiede in der Feier und im theologischen Verständnis des Abendmahls lassen sich bis zu den Anfängen der Kirche zurückverfolgen. Sie können ein legitimes Zeichen für die lebendige Vielfalt des Glaubens und seines gottesdienstlichen Lebens sein. Wenn sie zum Zerbrechen der Abendmahlsgemeinschaft führten, waren in den allermeisten Fällen noch andere Differenzen und damit zusammenhängende Konflikte im Spiel.

(5.2.2) Die mit den Kirchenspaltungen des 16. Jahrhunderts verbundenen Verwerfungen betrafen an entscheidenden Punkten auch das theologische Verständnis der eucharistischen Feier. Die Frage nach der Präsenz Christi im Mahlgeschehen erwies sich damals als folgenreich kontrovers. Die evangelische Seite verwarf die Vorstellung einer Verwandlung von Brot und Wein im Sinne der Transsubstantiationslehre, den Opfercharakter der römisch-katholischen Messe, die damit verbundene Eucharistiefrömmigkeit und den Entzug des Kelchs für die Laien. Die Katholiken wiederum bekräftigten ihre Auffassungen und sprachen im Laufe der Zeit – auch unter dem Einfluss der Debatten um die anglikanischen Weihen – immer deutlicher der evangelischen Feier die Gültigkeit ab. Die kontroverse Deutung des Abendmahls unter den Evangelischen führte zur Trennung von Lutheranern und Reformierten. Luther und die Lutheraner verfochten die Realpräsenz Christi gegen Zwingli, der die Gegenwart Christi in Brot und Wein rein anamnetisch auslegte, und grenzten sich dann auch von Calvin ab, dessen Versuch, über Zwingli hinauszugehen und die Gegenwart Christi als geistgewirkt zu denken, sie in dieser Weise nicht nachvollziehen konnten.

(5.2.3) Die vor allem in der zweiten Hälfte des 20. Jahrhunderts mit großer Intensität geführten ökumenischen Gespräche über Abendmahl/Eucharistie haben zu einer Vielzahl beachtlicher Annäherungen und Übereinstimmungen geführt. Eine Voraussetzung dafür waren die Bemühungen um eine Reform der eucharistischen Liturgie mit Aufnahme der Anliegen der Liturgischen Bewegung durch das 2. Vatikanische Konzil. Wege der Verständigung wurden in bilateralen Dialogen zwischen Katholiken und Lutheranern, Katholiken und Reformierten, Anglikanern und Lutheranern, Lutheranern und Reformierten ebenso beschritten wie in multilateralen Gesprächen mit den Kirchen der Orthodoxie – insbesondere in den Abendmahlsgesprächen in Verantwortung der Kommission für Glauben und Kirchenverfassung *(Lima-Dokument)*. Lutheraner und Reformierte fanden nach jahrhundertelanger Trennung zur Abendmahlsgemeinschaft *(Leuenberger Konkordie, Formula of Agreement, Amman-Erklärung)*. Die Gespräche zwischen Anglikanern, Lutheranern und Reformierten ermöglichten konkrete Verabredungen über die wechselseitige Öffnung der Mahlfeiern *(Erklärungen von Meißen, Reuilly und Porvoo)*.

(5.2.4) Solche Beispiele zeigen: Abendmahlsgemeinschaft ist möglich, wenn sie ernsthaft gewollt wird. Ihre Verwirklichung setzt die geduldige Klärung und Überwindung der Hindernisse voraus, die ihr entgegenstehen: Sie bedarf der Darlegung einer gemeinsamen Sicht auf das Abendmahl und der verbleibenden, aber für tragbar gehaltenen Differenzen. Es sind die unterschiedlichen Abendmahlslehren und ihre liturgischen Vollzüge zu bedenken, ebenso die Zusammenhänge zwischen der Leitung der Feier und dem Verständnis des kirchlichen Amtes sowie die jeweiligen kirchenrechtlichen Bedingungen für die Zulassung zum Abendmahl.

5.3 Gründe für die Annäherungen in der Lehre von Abendmahl/ Eucharistie

(5.3.1) Viele Faktoren haben dazu beigetragen, dass es in der Lehre vom Abendmahl/von der Eucharistie bis heute zu bedeutenden Annäherungen der Positionen in der reformatorischen und der römisch-katholischen Theologie gekommen ist. Die Weise, wie diese Thematik behandelt wird, kann als ein Seismograph für den Stand der ökumenischen Bewegung gelten. Mehrfach haben alle christlichen Traditionen Selbstverpflichtungen unterzeichnet, in denen sie das gemeinsame Ziel, das Erreichen der sichtbaren Einheit der Kirchen, mit dem Kriterium der Abendmahls-/Eucharistiegemeinschaft verbunden haben. Trotz vieler Widerstände und scheinbar unüberwindlicher Hindernisse bleibt dieses Anliegen beständig auf der ökumenischen Agenda, weil die Gemeinschaft am Tisch des Herrn als eine geistliche Erfahrung gewünscht wird, die den theologischen Gehalt des Abendmahls, das Gemeinschaft mit Christus und untereinander stiftet, aufgreift. Nach dem Johannesevangelium bittet Jesus kurz vor seinem Tod in seinen Abschiedsreden um die Einheit der an ihn Glaubenden, damit auch die Welt glaube, dass Gott ihn gesandt habe (vgl. Joh 17,20f). Die Ökumene folgt einer göttlichen Berufung zur Einheit, die der Einheit Christi mit dem Vater entspricht (ut omnes unum sint).

(5.3.2) Grundfragen der ökumenischen Hermeneutik, die im 20. Jahrhundert erhebliche Wandlungen erlebt hat, wirkten sich bei der Behandlung der Thematik von Abendmahl/Eucharistie aus. Während die kontroverstheologische Perspektive seit dem 16. Jahrhundert insbesondere auf die Unterschiede in den Lehren achtete, trat mit Beginn der Ökumenischen Bewegung vorrangig in den Blick, was die Konfessionen verbindet, nämlich: das gemeinsame Bekenntnis zu Jesus Christus; die gläubige Gewissheit, von Gott erwählt und berufen zu sein, das Evangelium zu verkündigen; die eschatologische Erwartung der Fülle des Lebens im Reich Gottes; die Überzeugung vom gemeinsamen missionarischen Auftrag der Kirchen.

(5.3.3) Die heute erreichten ökumenischen Konvergenzen verdanken sich vor allem der gemeinsamen Bereitschaft, der Exegese der biblischen Schriften Gehör zu schenken. Das 2. Vatikanische Konzil hat der Dogmatik aufgetragen, zunächst die Themen der Schrift aufzunehmen (vgl. Optatam totius, Nr. 16). Die reformatorisch geprägten Kirchen haben immer schon das Zeugnis der biblischen Schriften als das maßgebende Kriterium bei der Lehrbildung angesehen. In der konkreten exegetischen Studienarbeit unter wissenschaftlichen Prämissen zeigt sich, dass es keineswegs leicht ist, die alten kontroverstheologischen Themen aus den biblischen Schriften abzuleiten. Unterschiedliche methodische Ansätze in der Exegese führen – jenseits konfessioneller Differenzen – zu nicht immer kompatiblen theologischen Interpretationen der biblischen Überlieferungen von der Mahlgemeinschaft, die Jesus selbst respektive die örtlichen Gemeinschaften in seiner Nachfolge gestaltet haben. Auch im Hinblick auf die alttestamentlichen Motive in den biblischen Abendmahlsüberlieferungen (Bund, Pascha, Sühne) bestehen Unterschiede in der Interpretation, die nicht notwendig konfessionell begründet sind. Die heute vertraute Zusammenarbeit der Konfessionen in den Fächern der biblischen Exegese hat deutlich zu einer Entschärfung der konfessionellen Kontroversen beigetragen.

(5.3.4) Differenzierte historische Forschungen haben einen wesentlichen Beitrag dazu geleistet, dass wir im Hinblick auf Abendmahl/Eucharistie heute die unterschiedlichen geschichtlichen Kontexte, in denen Positionierungen vorgenommen worden sind, besser und genauer kennen. Gemeinsam blicken die evangelische und die römisch-katholische Forschung auf die großen Veränderungen, die sowohl in der Praxis wie in der Lehre von Abendmahl/Eucharistie zu konstatieren sind. In den ökumenischen Gesprächen wurde ersichtlich, dass jede geschichtlich überlieferte Gestalt des Verständnisses von Abendmahl/Eucharistie Interpretation eines Ursprungsgeschehens ist, dessen Zugänglichkeit an bestimmte Voraussetzungen gebunden ist. Soziale Gegebenheiten, lokale Besonderheiten, prägende Persönlichkeiten und kontroverstheologische Abgrenzungen haben in hohem Maße zu einem Prozess der Differenzierung in der Gestaltung der Liturgie des Abendmahls/der Eucharistie beigetragen. So gesehen bleibt es eine offene Frage, ob es ratsam ist, diesen Differenzierungsprozess aufzuhalten und eine einheitliche Form zu finden, in der alle Konfessionen gemeinsam Abendmahl/Eucharistie feiern können. Einen solchen vielbeachteten Versuch, die liturgischen Traditionen der Konfessionen zu verbinden, stellt die Lima-Liturgie dar.

(5.3.5) Besondere Beachtung fand in der Ökumene die Erkenntnis, dass sich die philosophischen Referenzen, die bei der Beschreibung des Bekenntnisses zur wahren und wirklichen Gegenwart Jesu Christi im Mahlgeschehen herangezogen wurden, im Laufe der Geschichte verändert haben. Während es im Altertum das platonische Urbild-Abbild-Denken noch ermöglichte, die wahre Gegenwart Jesu Christi *(veritas)* im Zeichen *(signum)* zu denken, entwickelten sich die ursprünglich kompatiblen Vorstellungen alternativ. Heute kann in der Ökumene mit Wertschätzung beschrieben werden, dass scholastische Theologen – vorab Thomas von Aquin – unter Bezug auf die aristotelische Philosophie den Versuch unternahmen, die extremen Positionen des Symbolismus (gegenwärtig wird Jesus Christus nur für die, die es bewusst erkennen) und des Realismus (Jesus Christus ist »fleischlich« anwesend) zu vermeiden. Die ökumenischen Dialoge konnten Missverständnisse aufdecken – beispielsweise die Annahme von Martin Luther, Thomas von Aquin lehre eine lokal zu erfassende, von ihrer Ausrichtung auf den Empfang abgelöste Gegenwart Jesu Christi im Mahlgeschehen. Heute suchen die ökumenischen Partner gemeinsam nach philosophischen Konzepten, durch deren Aufnahme Menschen das sehr anspruchsvolle Bekenntnis der wahren Gegenwart Jesu Christi im Zeichen von Abendmahl/Eucharistie erschlossen wird. Diesbezüglich hat sich nicht zuletzt der gemeinsame Rekurs auf Konzepte einer sogenannten relationalen Ontologie als hilfreich erwiesen, nach denen sich das Wesen der Mahlgaben durch die im Wort verkündigte Bezugnahme auf den ursprungsgetreuen Beginn in der Stiftung durch das Lebensgeschick Jesu Christi verwandelt. Damit ist das Potential aktueller philosophischer Ansätze, die Vielschichtigkeit und Vieldimensionalität des Geschehens auszulegen, bei weitem noch nicht ausgeschöpft – genannt seien hier beispielhaft der phänomenologische Gabe-Diskurs, sprach-analytische Untersuchungen zum performativen Sprechen und moderne zeichentheoretische Ansätze.

(5.3.6) In der ökumenischen Hermeneutik von heute ist die Achtsamkeit auf die pastorale Praxis von hoher Bedeutung. Viele Glaubende in den christlichen Gemeinden – insbesondere jene, die in konfessionsverbindenden Ehen leben – haben kaum noch Verständnis für ausdifferenzierte theologische Begründungen, die daran hindern, als Familie dem gemeinsamen christlichen Bekenntnis auch in der Feier von Abendmahl/Eucharistie Ausdruck zu geben. Die Wahrnehmung der Stimmen der glaubenden Menschen ist für die ökumenische Theologie von Bedeutung und soll als Ausdruck des sensus fidelium Gehör finden. Das gilt auch für die Gewichtungen, die von den Gläubigen vorgenommen werden: Vorrangig ist das gemeinsame Verständnis des Gehalts der eucharistischen Feier, nachrangig ist die Frage der spezifischen liturgischen Gestaltung sowie die Frage nach den angemessenen Leitungsdiensten.

5.4 Was können wir gemeinsam sagen?

(5.4.1) Der gekreuzigte, auferweckte und erhöhte Jesus Christus lädt uns zum Mahl ein, wir sind seine Tischgenossen. Seine Einladung überschreitet und umgreift die konfessionellen Grenzen und Grenzziehungen, die der sichtbaren Einheit der Christenheit im Wege stehen. Noch mehr: In eschatologischer Perspektive sprengt sie im Bild des himmlischen Hochzeitsmahles die Grenzen der Christenheit und nimmt die ganze Menschheit, ja sogar das Universum in den Blick (vgl. Jes 25,6; Mk 14,25; Kol 1,15–20; Offb 19,9; 21,24ff.) – sie ist im wahrsten Sinn »ökumenisch«. Vor diesem Hintergrund ist sie auch der tragende Grund jedes einzelnen Schrittes der christlichen Ökumene. Wo auch immer Katholiken, Orthodoxe, Lutheraner, Reformierte, Anglikaner, Baptisten, Methodisten in seinem Namen versammelt sind, will Christus sein Versprechen erfüllen, mitten unter ihnen zu sein. Sie sind und werden durch Glaube und Taufe in Christus geeint (vgl. Eph 4,5), lange bevor sie sich über die konkreten Formen ihrer Einheit verständigt haben und zu konkreten Verabredungen ihres Miteinanders gelangt sind.

(5.4.2) Jesus Christus schenkt sich uns in seinem für alle dahingegebenen Leib und Blut durch sein verheißendes Wort mit Brot und

Wein (vgl. Leuenberger Konkordie 15, 18). Die Kontroversen über die Gegenwart des Herrn bei der Feier des Mahls können in dem Maße überwunden oder wenigstens in ihrer kirchentrennenden Reichweite begrenzt werden, wie man den zum Mahl einladenden Christus, der sich in seiner Person vergegenwärtigt und schenkt, als das handelnde Subjekt der Mahlfeier versteht und dieser Sichtweise die Frage nach dem Wie der sakramentalen Vergegenwärtigung Christi nachordnet. Rückt das Moment der personalen Selbstvergegenwärtigung Jesu Christi in den Vordergrund, so wird erkennbar, dass seine Gegenwart das ganze Mahlgeschehen umgreift (Personalpräsenz) und er selbst sich uns so mit Brot und Wein schenkt.

(5.4.3) Das Abendmahl/die Eucharistie ist ein Gemeinschaftsmahl und stiftet Gemeinschaft *(koinonia)*. Indem sich Christus uns mit Brot und Wein schenkt, vergibt er uns unsere Sünden und befreit uns zu einem neuen Leben aus Glauben. Indem er sich mit uns zur Gemeinschaft verbindet, verbindet er uns mit den Gliedern der Gemeinde am Ort und in der *una sancta ecclesia* zu seiner *communio sanctorum*. Der durch das Mahl gewirkten Realität der Gemeinschaft gehen das Bekenntnis der Schuld und die Gnadenzusage der Vergebung voraus.

(5.4.4) Die Mahlfeier ist an die leibliche Präsenz der Kommunikantinnen und Kommunikanten gebunden. Wortgeschehen und Mahlgeschehen gehören untrennbar zusammen. Die Teilnahme am Mahl setzt Einsicht in den Sinn der Handlung voraus, deren Zentrum die Gemeinschaft mit Christus bildet. In der westlichen Tradition werden Kinder zum eucharistischen Mahl willkommen geheißen, sobald sie zwischen einem bloßen Sättigungsmahl und dem sakramentalen Mahl des Herrn zu unterscheiden wissen.

(5.4.5) Das Abendmahl/die Eucharistie soll regelmäßig im sonntäglichen Gottesdienst gefeiert werden. Die Leitung der Feier obliegt einem/einer Ordinierten. Es sollte allgemeine Regel sein, dass die das Mahl Feiernden mit Brot und Wein kommunizieren. Der würdevolle Umgang mit den nicht verzehrten Elementen ist zu gewährleisten.

(5.4.6) Da die römisch-katholische Auffassung heute sehr betont die Einmaligkeit des Sühnopfers Christi am Kreuz hervorhebt und das Mahl in der Perspektive der Vergegenwärtigung des Kreuzesgeschehens betrachtet, sind die Kontroversen um den Opferaspekt in den Hintergrund getreten. Das Opfer Christi kann in der Perspektive des Paschalamms als »Pascha-Mysterium Christi« zum Thema werden. Die diese Redeweise auszeichnende starke Christo- und

Staurozentrik lässt keinen Raum für den Gedanken, dass Christus in der Mahlhandlung als »Messopfer« dargebracht werde. Daher bleiben Formulierungen bedenklich, die den Opfergedanken dadurch erhalten wollen, dass sie die Eucharistie als stellvertretend für die Welt dargebrachtes Lobopfer der Kirche oder gar das Lebensopfer Jesu Christi als Opfer der Kirche verstehen wollen, wenn nicht hinreichend deutlich wird, dass hier Christus als ihr Haupt Subjekt des Opfervorgangs ist und bleibt. Die vor diesem Hintergrund bleibend kontroverse Rede vom »Opfer der Kirche« im Zusammenhang der Feier vom Gedächtnis des Todes und der Auferstehung Jesu Christi ist dann sinnvoll, wenn dabei an die von Paulus formulierte Mahnung gedacht wird, dass alle Getauften unter Berufung auf die Barmherzigkeit Gottes sich selbst zu einem gottgefälligen Opfer machen lassen (vgl. Röm 12,1). In ihrer eigenen Lebenspreisgabe aus Liebe folgen Christinnen und Christen ihrem gekreuzigten und auferstandenen Herrn.

5.5 Gewichtung von Danksagung, Anamnese und Epiklese

(5.5.1) Dank, Erinnerung und Bitte um den Heiligen Geist sind konstitutive Merkmale des Mahlgeschehens. Im Dank *(eucharistia)* blicken die Feiernden auf die großen Taten Gottes und preisen ihn als ihren Schöpfer, Versöhner und Erlöser. In der Erinnerung *(anamnesis)* wird ihnen in der Kraft des Geistes die Selbsthingabe Jesu Christi am Kreuz und das, was er in seinem stellvertretenden Leiden und Sterben für sie getan hat und ihnen im Mahl schenkt, vergegenwärtigt. In der Anrufung des Heiligen Geistes *(Epiklese)* bitten sie den Geist um sein Kommen, damit er die Präsenz Christi im Mahl vergewissert, die Feiernden erneuert und als Gottes Kinder in die Welt sendet.

(5.5.2) Heute sind sich die reformatorischen und die römisch-katholischen Lehrtraditionen darin einig, dass der lobpreisende Dank für Gottes Handeln in Jesus Christus ein wichtiges Element der Feier von Abendmahl/Eucharistie ist. Dank und Lob sind in der biblischen Tradition eng miteinander verbunden. Frühe liturgische Quellen (beispielsweise die Didache) haben das Mahlgeschehen insgesamt als eine Dankesgabe an Gott verstanden. Die Rede von einem Lob- und Dankopfer der Menschen möchte betonen, dass die Geschöpfe Gott die gläubige Anerkenntnis seiner großen Taten zur Erlösung seiner Schöpfung schulden. Im altüberlieferten Begriff der Eucharistie, der in der römisch-katholischen Tradition bewahrt wurde und in den reformatorischen Kirchen in der jüngeren Vergangenheit wieder neu in Gebrauch kam, kommt der Gedanke des Vorrangs des Handelns Gottes an der Schöpfung vor jeder Antwort des Menschen sprachlich angemessen zum Ausdruck.

(5.5.3) Der menschliche Dank an Gott geschieht im Gedächtnis (der Anamnese) seines Handelns in Jesus Christus: in seinem Leben, in seinem Sterben, in seiner Auferstehung. In der christlichen Ökumene gilt die Deutung des tödlichen Lebensgeschicks Jesu im Hinblick auf dessen soteriologische Relevanz als eine gemeinsame Herausforderung. Die grundlegende Bedeutung des Christus-Ereignisses für die Erlösung ist unumstritten. Alle christlichen Bekenntnisgemeinschaften bemühen sich, das Gedächtnis der Lebenspreisgabe Jesu Christi in seinen Tod für uns als ein Geschehen der Erlösung aus der Verlorenheit in die Folgen der Sünde zu schildern, denen die Schöpfung im endgültigen Tod erlegen wäre, hätte Gott nicht anders entschieden: Im Christus-Ereignis wird offenbar, dass Gott für das Leben der Sünder und Sünderinnen einsteht. Im Mahl feiert die christliche Gemeinde Gottes Entscheidung für die Erlösung der Menschheit aus Sünde und Tod in der Gestalt des irdischen Menschenlebens von Jesus aus Nazareth. Das in die Runde gegebene, gebrochene Brot und der dargereichte Becher mit Wein sind Sinnbild für die unverbrüchliche Gemeinschaftstreue Gottes, die angesichts des Todes Jesu Christi offenbar wird. Jesus stiftet in der Deutung des gebrochenen Brotes als seines zerbrochenen Leibes und des gereichten Bechers als seines vergossenen Blutes eine Zeichenhandlung, in der zum Ausdruck kommt, dass Gott sich nicht von Menschen daran hindern lässt, bei seiner Liebe zu bleiben.

(5.5.4) Die Berufung auf den Geist Gottes im eucharistischen Geschehen hat in den Liturgien der Kirchen eine lange Tradition. Im christlichen Osten wird der Erinnerung an das Wirken des Geistes Gottes besondere Wertschätzung zuteil. Gottes Geist heiligt die Mahlgaben und die versammelte Gemeinde, die im Geschehen selbst verspricht, sich in den Dienst des lebendigen Gedächtnisses des Versöhnungshandelns Gottes in Jesus Christus zu stellen. In ökumenischer Perspektive ist die Erinnerung an die epikletische Dimension der Feier von Abendmahl/Eucharistie auch deshalb so wichtig, weil auf diese Weise deutlich wird, dass nicht Menschen die Gegenwart Jesu Christi im Mahlgeschehen bewirken, vielmehr Gott selbst im Heiligen Geist seine Präsenz denen gewährt, die ihn darum bitten.

Der Gedanke der Präsenz des Herrn beim eucharistischen Mahl findet sich schon in ältesten Quellen. Aus Herbeirufungen der personalen Gegenwart (Maranatha) entwickelte sich vor allem im Osten die Bitte um das Kommen des Geistes Gottes, die nun mit der Anamnese des Todes und der Auferstehung Christi verknüpft wurde. In den meisten altkirchlichen Eucharistiegebeten des Ostens und Westens ist die sogenannte spezielle Anamnese nach den Einsetzungsworten als Partizip (*memores* – gedenkend) der folgenden Darbringung (*offerimus* – bringen wir dar) zugeordnet. Hier handelt es sich freilich nicht um eine Eigenleistung der Kirche, da diese nichts anderes anzubieten hat als die Naturgaben Brot und Wein, die ihr immer schon von Gott her geschenkt worden sind. Sie stellt sie aber Gott vor Augen, damit er sie der Gemeinde wiederum schenkt, nun aber als von Gottes Geist geheiligte Gaben. Dazu wird in den Ostkirchen um das Einwirken des Geistes gebeten. Obwohl der Geist nicht explizit erwähnt wird, weist auch der Römische Kanon diese Struktur auf, die allerdings im Laufe der Theologiegeschichte nicht mehr erkannt wurde. Demzufolge ist auch in den neuen Eucharistiegebeten der römisch-katholischen Liturgie die ursprünglich eine Bitte der Heiligung der Gaben und der Gemeinde durch den Genuss der Mahlgaben in eine Wandlungsepiklese vor und eine Kommunionepiklese nach den Einsetzungsworten aufgeteilt. In jedem Falle aber ist durch die Liturgiereform deutlicher geworden, dass nicht die Kirche, sondern Gott selbst durch seinen Geist das Heil wirkt. In Abendmahlsgebeten heutiger evangelischer Agenden stehen die beiden Epiklesen nach ostkirchlichem Vorbild zusammengefügt nach der Abendmahlsanamnese.

5.6 Die ökumenische Bedeutung unterschiedlicher Feiergestalten

(5.6.1) Die liturgischen Feierformen des Abendmahls/der Eucharistie sind in allen Konfessionen in unterschiedlichem Maße regional geprägt: Die Lieder sind in den nationalen Sprachen verschieden; spezifische Ausdrucksformen wie beispielsweise der Tanz sind in manchen Kulturen üblich, in anderen nicht. Bei den reformatorischen Abendmahlsfeiern ist die Varianz in der Regel größer als bei den römisch-katholischen Feiern der Eucharistie. So gibt es in der römisch-katholischen Kirche eine weltweit verbindliche Ordnung der Lesung von biblischen Schrifttexten; Leseordnungen sind auch im reformatorischen Bereich bekannt, sie haben jedoch ein geringeres Maß an Verbindlichkeit. Die Bereitschaft zum Bekenntnis der eigenen Schuld und die Bitte um Vergebung sind – wenngleich in unterschiedlicher Form – ein fester Bestandteil aller konfessionellen Liturgien. Analoges gilt für das Gedächtnis der Einsetzung des Abendmahls/der Eucharistie durch Jesus Christus, für Gebete (in der Regel Sanctus und Vaterunser), für Bekenntnisse des Glaubens sowie für Segenshandlungen. Bei aller Verschiedenheit der Gestaltung im Detail überwiegt somit der Eindruck, dass wesentliche Bestandteile der Abendmahlsliturgie sowie der Feier der Eucharistie übereinstimmen.

(5.6.2) Es gibt Aspekte in der Gestaltung von Abendmahl/Eucharistie, die – beginnend im 16. Jahrhundert und fortdauernd bis heute – als konfessionelle Eigenarten gelten, nicht selten heftigen Anstoß erregen und zu Abgrenzungen führen. Dazu zählen (a) die Frage der stiftungsgemäßen Gestaltung des eucharistischen Mahls mit Brot und Wein für alle Mahlteilnehmer, nicht nur für die Priester und wenige Gläubige; (b) die Frage der Dauer der Gegenwart Jesu Christi in, mit und unter den Mahlgaben; (c) die heilsame Bedeutung der Feier im Gedächtnis der Gemeinschaft mit den verstorbenen Gemeindegliedern. In den drei genannten Themenbereichen sind durch die vielen ökumenischen Gespräche in den zurückliegenden Jahrzehnten Verständigungen erreicht worden, die in der liturgischen Praxis mehr Beachtung finden sollten: (zu a) Es gibt keine Hindernisse in der römisch-katholischen dogmatischen Tradition, in stiftungsgemäßer Weise das eucharistische Mahl mit Brot und Wein in der Gemeinde zu feiern. Die aus unterschiedlichen Gründen im frühen und hohen Mittelalter entstehende Reservierung der Kelchkommunion für den Priester ist nur im Kontext des allgemeinen Rückgangs der Kommunionhäufigkeit zu erklären und begründete keine Praxis, die aus dogmatischer Sicht zu bewahren wäre. Die Kelchkommunion für alle Teilnehmenden ist daher nach heutigem Recht grundsätzlich möglich und liturgietheologisch erwünscht. (zu b) Die Verheißung der Gegenwart Jesu Christi im Mahlgeschehen gilt solange, wie ein Zusammenhang zwischen der vergegenwärtigenden Worthandlung und der Zeichengabe von Brot und Wein noch erkennbar ist. Der primäre, altkirchlich verbürgte Zweck der Aufbewahrung der Mahlgaben für die Krankenkommunion sollte stets im Blick bleiben. (zu c) Die Feiern von Abendmahl/Eucharistie haben eschatologische Bedeutung; sie finden in Gemeinschaft mit Lebenden und Verstorbenen statt.

(5.6.3) Welche Bedeutung haben solche Überlegungen zu den konfessionellen Feierformen von Abendmahl/Eucharistie für die Ökumene? Sie setzen bei dem gegenwärtigen Erleben der Liturgien von gläubigen Menschen in den Gemeinden an. Sie nehmen wahr, dass es Traditionen gibt, die nicht immer der theologischen Prüfung standhalten und daher einer Reform bedürfen. Sie versuchen die verschiedenen Feiergestalten als je spezifischen Ausdruck des theologischen Gehalt des Abendmahls zu begreifen und zu würdigen. Sie leisten einen Beitrag zu dem Bemühen, auf dem Weg der Glaubenserfahrung die spirituelle Bedeutung von Abendmahl/Eucharistie zu entdecken. Sollte es zu einer Vereinbarung über die Gemeinschaft im Abendmahl/in der Eucharistie zwischen den Kirchen kommen, stellt sich dringlich die Frage, welche liturgische Ordnung angesichts der Vielfalt in den Traditionen akzeptabel ist.

5.7 Die Feier des Mahls in der Perspektive des jeweils Anderen

(5.7.1) Im Dekret über den Ökumenismus des 2. Vatikanischen Konzils, Unitatis Redintegratio (UR), wird mehrfach dazu ermutigt, die anderen Konfessionen in ihrem Selbstverständnis kennen und schätzen zu lernen (vgl. UR 9). Das Konzil beschränkt sich im Hinblick auf die liturgischen Feiern in den anderen christlichen Traditionen weithin darauf, sich beschreibend (deskriptiv) und nicht wertend (normativ) der gelebten Wirklichkeit in den anderen Konfessionen anzunähern (vgl. UR 3; 22). Es ist als eine hohe Errungenschaft in der ökumenischen Hermeneutik zu betrachten, wenn Angehörige einer Konfession die Perspektive der Angehörigen einer anderen Konfession zu achten lernen. Bei der Feier des Abendmahls/der Eucharistie in einer anderen Konfession werden manche Elemente fremd sein. Diese Situation begünstigt ein intensives Hören auf die Verheißungen Gottes. Die Feiern von Abendmahl/Eucharistie in ökumenischer Gemeinschaft sind daher eine Gabe insbesondere in spiritueller Hinsicht.

(5.7.2) Im Hinblick auf die in der Vielfalt der christlichen Konfessionen gelebten Formen der Feiern von Abendmahl/Eucharistie ist daran zu erinnern, dass die reformatorischen sowie die römisch-katholischen Traditionen ihren Blick weiten können, indem sie auf andere Konfessionen schauen, wie diese in ihren Riten das Gedächtnis des Todes und der Auferstehung Jesu Christi in seiner Bedeutung für uns feiern – beispielsweise in orthodoxer Tradition mit der Betonung des Geheimnisses der Gegenwart Jesu Christi im Heiligen Geist sowie der Wahrnehmung der Verbundenheit zwischen der irdischen und der himmlischen Versammlung der Gläubigen zum Lobpreis; oder in freikirchlicher Tradition mit der Betonung der Verkündigung des Evangeliums in Gottes Wort sowie einer zeichenhaften Mahlhandlung, die im Sinne Jesu Christi auch erfahrbar jene Versöhnung innerhalb jener Gemeinschaft stiften möchte, die sich auf ihn beruft.

(5.7.3) Insbesondere gebietet es eine ökumenische Sensibilität, bei Anwesenheit von Christen anderer Konfessionen in Gestaltung und Ablauf der Feier alles, soweit vertretbar, zu vermeiden, was deren Gefühle verletzen könnte. Auch das setzt die Kenntnis der Perspektive des jeweils anderen voraus.

6. Die Leitung der eucharistischen Feiern

(6.1) Die in reformatorischer und insbesondere nachreformatorischer Zeit hervorgetretenen Differenzen im Verständnis des Amtes und der apostolischen Nachfolge im Amt sind in den ökumenischen Dialogen inzwischen als zentrales Hindernis für Abendmahls-/Eucharistiegemeinschaft identifiziert worden. Aus der Sicht des 2. Vatikanischen Konzils ist bei den Reformationskirchen »vor allem wegen des Fehlens des Weihesakramentes (defectus sacramenti ordinis) die ursprüngliche und vollständige Wirklichkeit (substantia) des eucharistischen Mysteriums nicht bewahrt« (UR 22) worden. Aus diesem Grund empfangen römisch-katholische Gläubige die Eucharistie erlaubt in den Kirchen, in denen das Sakrament der Eucharistie ihrer Ansicht nach gültig gespendet wird (vgl. CIC 844 §§ 1–2). Umgekehrt wird zwar von evangelischer Seite die Gültigkeit der Weihe bzw. Ordination in der römisch-katholischen Kirche nicht bestritten, die reformatorische Kritik an der Transsubstantiationslehre, am Verbot des Laienkelchs, am Opfercharakter der Messe (zur Klärung dieser Fragen vgl. die vorangehenden Abschnitte dieses Textes) und der Zelebration der Messe ohne Gemeinde betraf jedoch die rechte Verwaltung des Sakramentes. Darüber hinaus enthielt speziell die Kritik am Opfercharakter der Messe eine grundsätzliche Anfrage an die Apostolizität eines Amtsverständnisses, in welchem der Priester als Subjekt der Opferhandlung verstanden wird. Nach evangelischem Verständnis dient das Amt durch die reine Evangeliumsverkündigung und die rechte Verwaltung der Sakramente dem »Sein und Bleiben der Kirche in der Wahrheit« und darin ihrer Apostolizität. Die Ordnung des Amtes selbst ist nicht Garant der Wahrheit, und mit der Berufung in das Amt ist kein höherer Gnadenstand verbunden. Zwar ist nach evangelischem Verständnis die Feier des Herrenmahls auch da »gültig«, wo im Hintergrund ein problematisches Amtsverständnis steht, weil die soteriologische Bedeutung allein an Christi eigener Verheißung seiner Gegenwart in der Feier hängt. Gleichwohl war das römisch-katholische Eucharistie- und Amtsverständnis auch für evangelische Kirchen lange ein Grund (und ist es für einige reformatorische Kirchen bis heute), evangelischen Christen die Teilnahme an der Eucharistie nicht zu empfehlen bzw. zu untersagen. Dies hat sich erst im Kontext der ökumenischen Bewegung geändert. Im bisherigen evangelisch/römisch-katholischen Dialog über das Amtsverständnis sind grundlegende Übereinstimmungen erreicht worden, die für die Frage der Abendmahlsgemeinschaft, vor allem aber für die Möglichkeit einer

Praxis wechselseitiger eucharistischer Gastfreundschaft, bedeutsam sind.

(6.2) Zusammengefasst stellen sich die erreichten Konvergenzen und die offenen Fragen folgendermaßen dar:

(6.2.1) Allgemeines bzw. gemeinsames Priestertum der getauften Glaubenden: Den Ausgangspunkt für die Verständigung über das kirchliche Amt bildet heute die gemeinsame Einsicht, dass alle Christen durch die Taufe im Glauben an Christi Priestertum Anteil gewinnen. Damit sind alle Christen berufen, das Evangelium in Wort und Tat zu verkünden und Lob, Dank und Fürbitte in, mit und durch Christus vor Gott zu bringen. So bilden sie das priesterliche Gottesvolk, sind Leib Christi und tragen eine Mitverantwortung für evangeliumsgemäßes Lehren und Leben der Kirche. Das allgemeine/gemeinsame Priestertum der Gläubigen setzt die *öffentliche* Verkündigung des Evangeliums und die Feier der Sakramente notwendig voraus, durch die die Kirche als *communio sanctorum* begründet, versammelt und bewahrt wird, denn nach gemeinsamer evangelischer und römisch-katholischer Überzeugung ist für das Sein der Kirche und ihr Bleiben in der Wahrheit die reine Verkündigung des Evangeliums und die der Einsetzung Jesu Christi gemäße Feier der Sakramente konstitutiv, durch die Jesus Christus selbst seine Kirche auferbaut.

(6.2.2) Der Dienst des an die Ordination gebundenen Amtes: In der Confessio Augustana wird im Einklang mit römisch-katholischer Lehre bekannt, dass niemand in der Kirche öffentlich lehren solle ohne ordentliche Berufung (CA XIV). Die Besonderheit des an die ordentliche Berufung in der Ordination gebundenen Amtes besteht in der *öffentlichen* Evangeliumsverkündigung in der Predigt und in der Leitung der Feier der Sakramente. Während sich die Rede vom öffentlichen Lehren im Unterschied zu Verkündigungssituationen im privaten Bereich im 16. Jahrhundert auf die gesamte kirchliche und gesellschaftlich-kommunale Öffentlichkeit bezog, wird der Begriff der Öffentlichkeit in der Bestimmung der Aufgaben des kirchlichen Amtes heute in erster Linie auf die Verkündigung in der Öffentlichkeit der Kirchengemeinden auf regionaler und überregionaler Ebene bezogen. Durch die öffentliche Lehre des Evangeliums und die Feier der Sakramente dient das besondere Amt der Apostolizität und Einheit der Kirche und darin zugleich auch ihrer Heiligkeit und Katholizität. Mit dem Amt der öffentlichen Verkündigung in Wort und Sakrament wird mithin eine besondere Verantwortung für das Sein und Bleiben der Kirche in der Wahrheit und für ihre Einheit übernommen, die ihren Grund in Jesus Christus hat. Durch diesen besonderen Auftrag ist das an die Ordination gebundene Amt vom allgemeinen/gemeinsamen Priestertum aller glaubenden Getauften unterschieden und steht diesem gegenüber. Gerade in diesem Gegenüber vermag es der Kirche als Gemeinschaft der Glaubenden und der Berufung der Getauften und Glaubenden zum allgemeinen/gemeinsamen Priestertum zu dienen.

(6.2.3) Der Ursprung des an die Ordination gebundenen Amtes: Es ist gemeinsame römisch-katholische und evangelische Überzeugung, dass das kirchliche Amt der öffentlichen Verkündigung des Evangeliums in Wort und Sakrament von Gott geordnet ist. Das an die Ordination gebundene, geordnete Amt gehört zum Sein der Kirche. Es verdankt sich nicht einer Delegation des Gemeindewillens, sondern göttlicher Sendung und Einsetzung.

(6.2.4) Die Ordination in ihrer Bedeutung für die Leitung der Feier: Die Ordination, die für die Evangeliumsverkündigung in Wort und Sakrament und damit auch für die Leitung des Abendmahls/der Eucharistie vorausgesetzt ist, geschieht nach römisch-katholischem und evangelischem Verständnis im Gottesdienst unter Handauflegung und Gebet. Die Handauflegung ist das Zeichen der Berufung und der Bitte um das Herabkommen des Heiligen Geistes, um das im Ordinationsgebet gebetet wird. Mit dieser öffentlichen Handlung der Ordination unter Handauflegung und Gebet wird die zu ordinierende Person mit dem Amt der öffentlichen Evangeliumsverkündigung in Wort und Sakrament betraut, die eine Verantwortung für die Einheit der Kirche impliziert. Die Ordination ist Zeichen der Berufung durch Gott in der Kraft des Geistes zu diesem Dienst und als solche für die liturgische Leitung der Feier des Herrenmahls in besonderer Weise bedeutsam. Denn wer die Liturgie leitet, führt darin im Namen der Kirche den Auftrag Jesu Christi aus, der selbst im Heiligen Geist gegenwärtig wird. Zum zweiten verwirklicht sich in der Versammlung um den Tisch dessen, der seine Gegenwart zusagt und Vergebung und Versöhnung schenkt, die Einheit der Kirche als Leib Christi. Für diese Einheit zu sorgen ist dem Verkündigungsamt anvertraut.

(6.2.5) Wenngleich die reformatorischen Kirchen die Ordination nicht als Sakrament bestimmen, weil die Ordinationshandlung durch Handauflegung und Gebet im Neuen Testament nicht mit einem Befehl und einer Verheißung Christi verbunden ist, sehen sie Handauflegung und Gebet als konstitutive Bestandteile der Ordinationshandlung bei der Berufung ins Amt bewahrt. Umgekehrt wird von römisch-katholischer Seite heute – im Gegensatz zu einer früheren, jahrhundelangen Praxis – klar festgehalten, dass für die Ordinationshandlung nicht die Übergabe der eucharistischen Geräte, sondern allein das Gebet der Kirche in Verbindung mit der Handauflegung konstitutiv ist.

(6.2.6) Was die Wirkung der Ordination betrifft, so begründet sie nach römisch-katholischem Verständnis als sakramentale Weihe einen *character indelebilis*. Wenn von evangelischer Seite diese Bestimmung abgelehnt wird, so richtet sich die damit verbundene Kritik auf die Vorstellung einer Steigerung des in der Taufe begründeten neuen Gnadenstandes durch die Ordination. Einen *character indelebilis* vermittelt nach evangelischem Verständnis allein die Taufe. Mit dem Gebet und der Handauflegung bei der Ordinationshandlung wird jedoch auch nach evangelischem Verständnis in der Gewissheit der Erhörung um die Gabe des Geistes für das Amt gebetet. Mit der Ordination wird die ganze Person mit ihrem Leben in den Dienst der Evangeliumsverkündigung in Wort und Sakrament gerufen. Entsprechend ist die Ordination eine einmalige Handlung, die nicht wiederholt wird. Mit der Kritik an der Bestimmung des *character indelebilis* wird also weder die Notwendigkeit der Geistesgabe für die Beauftragung mit dem Amt, noch die lebenslange Verpflichtung bestritten. Zudem wird nach römisch-katholischer Lehre die Weihe nicht als Steigerung des in der Taufe verliehenen Gnadenstandes verstanden, sondern als Berufung in einen besonderen Dienst an den Grundvollzügen der Kirche (vgl. LG 10).

(6.2.7) Ordination und Bischofsamt: Nach gemeinsamem evangelischen und römisch-katholischen Verständnis gehört die Ordinationshandlung zur Aufgabe der Episkopé (Aufsicht), die sich auf die Wahrung der reinen Lehre und der Einheit der Kirche bezieht. Die Aufgabe überregionaler Episkopé ist für die Einheit und Apostolizität der Kirche notwendig und umfasst eine personale, synodale und gemeinschaftliche Dimension.

(6.2.8) Für die römisch-katholische Kirche ist die Gestaltung der Episkopé in der Nachfolge der Apostel notwendig mit dem Bischofsamt in historischer apostolischer Sukzession verbunden. Das Bischofsamt in historischer apostolischer Sukzession, das personal, kollegial und gemeinschaftlich ausgeübt wird, gehört nach römisch-katholischem Verständnis unabdingbar zum Sein der Kirche. Den Glaubensgemeinschaften, die die historische Sukzession im Bischofsamt nicht bewahrt haben, »fehlt« laut mancher römisch-katholischer Dokumente aus jüngerer Zeit ein anerkennungsfähiges Amt mit der Folge, dass die urspüngliche und vollständige Wirklichkeit des eucharistischen Mysteriums nicht bewahrt erscheint. Mit dem

Terminus *defectus ordinis* (UR 22.3) wird dabei allerdings ein Mangel und nicht ein vollständiges Fehlen des Amtes ausgesagt. Es wird jedoch nicht bestritten, dass in den evangelischen Kirchen ein Amt gegeben ist, das dem Evangelium dient.

(6.2.9) Von evangelischer Seite wird im Rekurs auf neutestamentliche und altkirchliche Lehre die ursprüngliche Einheit von Bischofsamt und Pfarramt und somit die presbyterale Sukzession als gültig angesehen. Diese wurde in der Reformationszeit schließlich praktiziert, nachdem sich keine altgläubigen Bischöfe fanden, die bereit waren, Geistliche zu ordinieren, welche die reformatorische Lehre vertraten. Doch wurde mit der presbyteralen Ordination die Bedeutung der episkopalen Sukzession keineswegs abgelehnt. Vielmehr wird auch nach evangelischem Verständnis die Ordination als Aufgabe der überregionalen Episkopé verstanden. Doch im Unterschied zu römisch-katholischer Lehre kann dieses Amt der überregionalen Episkopé unterschiedlich gestaltet sein.

(6.2.10) Trotz der Differenzen in Bezug auf die apostolische Sukzession im Bischofsamt und der jurisdiktionellen Ausstattung des Bischofsamtes besteht Übereinstimmung darin, dass zur apostolischen Sukzession eine geordnete Gestaltung der überregionalen Episkopé gehört, die eine personale, kollegiale und gemeinschaftliche Dimension umfasst. Historische Studien können zudem zeigen, dass in der theologischen Tradition im Mittelalter (gestützt auf Hieronymus und Ambrosiaster) der Gedanke einer legitimen presbyteralen Sukzession durchaus geläufig war. Über lange Zeit hatte die theologische Überzeugung Bestand, dass sich das Amt der Presbyter und das Amt der Bischöfe nur im Bereich der Jurisdiktion unterscheiden (Decretum Gratiani, Thomas von Aquin und Bonaventura). Überdies wurde in ökumenischen Dialogen gemeinsam die Einsicht gewonnen, dass für die Beurteilung und Anerkennung der Ämter pneumatologische und rechtfertigungstheologische Gesichtspunkte zu berücksichtigen sind. Für römisch-katholisches Verständnis impliziert die »Gemeinsame Erklärung zur Rechtfertigungslehre«, in der ein gemeinsames Verständnis der im Evangelium verheißenen Gnade Gottes entfaltet werden konnte, dass die reformatorischen Kirchen die apostolische Lehre bewahrt haben und ihre Ordnung der Ämter offenkundig der Sukzession in der Lehre der Apostel zu dienen vermochte und vermag. Von daher kann die Feststellung eines *defectus ordinis* nicht auf die Bestreitung der geistlichen Wirksamkeit evangelischer Ämter abheben. Nimmt man hinzu, dass nach den Aussagen des Zweiten Vatikanischen Konzils für die apostolische Sukzession im Bischofsamt die Kollegialität wesentlich ist und die historische Sukzession nicht im mechanischen Sinne einer ununterbrochenen Kette von Handauflegungen zu verstehen ist, dann kann man mit Blick auf den in der Rechtfertigungslehre gewonnenen Grundkonsens und die Übereinkunft in Grundfragen des Amtes »katholischerseits jene episkopoi aus dem Kreise derer nicht ausschließen, deren Übereinstimmung nach katholischer Auffassung Zeichen für die Apostolizität der Lehre ist« (Apostolizität der Kirche, Nr. 291, DWU 4, 625).

(6.3) Im Blick auf die Frage der Apostolischen Sukzession lassen sich die Ergebnisse der internationalen und nationalen Dialoge so zusammenfassen:

(6.3.1) Zu den Wesensmerkmalen der Kirche in ihrer Gesamtheit gehört deren Apostolizität. Diese ist als ein Kennzeichen der christlichen Glaubensgemeinschaft zu verstehen. Die Erfüllung der Apostolizität bekennt die Glaubensgemeinschaft als wirksame Gabe des Heiligen Geistes, und ihre Ermangelung macht das beständige Bemühen um Erneuerung der Kirche am Leitbild des apostolischen Ursprungs erforderlich. Die Überlieferung des apostolischen Evangeliums geschieht in der Gemeinschaft der Getauften. Es gilt, den apostolischen Glauben in den wechselvollen Zeiten der Geschichte zu bewahren. Die dabei leitenden Intentionen sind eine missionarische (erste Begegnung mit dem Evangelium) und eine mystagogische (vertieftes Vertrautwerden mit dem Evangelium).

(6.3.2) Es ist sinnvoll, im Blick auf die Apostolische Sukzession einen materialen Aspekt (Gehalt) und einen formalen Aspekt (Gestalt) zu unterscheiden. Der apostolische Glaube ist seinem wesentlichen Gehalt nach das schriftgemäße Bekenntnis zur Heilsbedeutsamkeit der Menschwerdung, des Lebens, des Todesleidens, der Auferweckung, der Erhöhung des gekreuzigten Jesus Christus und der Sendung des Geistes Gottes, wie es die urchristlichen Bekenntnisse erfassen. Die Gestalt der Sicherung der apostolischen Ursprungstreue ist vielfältig; sie erschöpft sich nicht im Wirken des apostolisch begründeten Amtes, das als solches grundsätzlich von allen christlichen Traditionen anerkannt wird, sondern ist im umfassenden Horizont der Liturgie, der Diakonie und des Zeugnisses in Wort und Tat der gesamten Glaubensgemeinschaft zu betrachten. In vielen Dialogdokumenten ist zu lesen, dass die kirchlichen Wege zur Sicherung der Kontinuität im Glauben der Apostel vielgestaltig sind, und dass die Thematik der Apostolischen Sukzession im Bischofsamt in diesem Gesamtzusammenhang zu behandeln ist.

(6.3.3) Die nach römisch-katholischem Verständnis für die Gestalt des Amtes wesentliche »successio personae« (Nachfolge durch amtlich berufene Menschen) steht dann nicht im Gegensatz zu dem reformatorischen Verständnis der Sukzession als »successio verbi« (Nachfolge in Treue zum Wort des Evangeliums), wenn das im Kanon der Heiligen Schrift bewahrte apostolische Erbe als Grundlage und kritisches Korrektiv für die Ausübung des Dienstes bestimmend ist.

(6.3.4) Die mit epikletischem Gebet und Handauflegung geschehende (ordnungsgemäße) Amtsübertragung sichert nicht unangefochten das Verbleiben einzelner ordinierter Menschen in der Treue zum apostolischen Glauben. Traditionswahrung und amtliche Nachfolge können, wie die Geschichte der Kirchen immer wieder zeigt, in erheblichen Konflikt geraten. Die Handauflegung ist eine in der Tradition bewährte Zeichenhandlung für die wirksame Bitte um Geistbegabung der Ordinierten, doch ein nur äußerlich bleibender Ritus garantiert nicht die Wirksamkeit der mit dieser Zeichenhandlung verbundenen Verheißung.

(6.3.5) Es erscheint unter Beachtung pneumatologischer Aspekte theologisch angemessen, kirchliche Dienste aufgrund ihrer offenkundigen Wirksamkeit in einem geistlichen Urteil als geistgewirkt anzuerkennen. Eine solche Sichtweise richtet ihren Blick nicht primär auf die Frage nach den historisch überlieferten Formen der Beauftragung von Menschen mit dem Amt der Gemeindeleitung und dem Vorsitz der Eucharistie, sie schaut vielmehr auf die in der jeweiligen, kulturell differenzierten Erfahrungswelt erkennbare Fruchtbarkeit der kirchlichen Dienste und Ämter (via empirica). Ein solcher Zugang zur Thematik argumentiert auf der Basis einer transzendentalen Reflexion und erkennt die Bedingung der Möglichkeit der Wirksamkeit amtlichen Handelns (Stärkung der österlichen Hoffnung; Tröstung der Gewissen; Aufbau der Gemeinde; Ermutigung zur Diakonie im sozialen Kontext) im Handeln Gottes in seinem Heiligen Geist durch die zum kirchlichen Dienst berufenen Menschen.

(6.3.6) Eine Unterscheidung zwischen dem Amt der Gemeindeleitung und dem Aufsichtsamt (Episkopé) kann sich in ersten Ansätzen auf die spätneutestamentlichen biblischen Schriften stützen und hat sich in der Geschichte der christlichen Glaubensgemeinschaften vielfach bewährt. Überregionale Ämter sind in unterschiedlicher Weise (personal, kollegial oder kommunial) und in variierender Begrifflichkeit (Bischof, Präses, Kirchenpräsident, Superintendent etc.) in den einzelnen Kirchen bis heute bewahrt worden. In vielen neueren ökumenischen Dokumenten richtet sich die Aufmerksamkeit verstärkt auf eine gemeinsame Bestimmung der Ausübung der Episkopé im Sinne der Wahrung des apostolischen Ursprungs der Kirche.

(6.4) Aus den gewonnenen ökumenischen Konvergenzen sind Konsequenzen für die Praxis zu ziehen: Für eine volle Abendmahls-/Eucharistiegemeinschaft zwischen römisch-katholischer Kirche und evangelischen Kirchen ist nicht nur eine gegenseitige Anerkennung der Ämter erforderlich, sondern auch eine Verständigung über die Frage, wie der Zusammenhang zwischen Abendmahls-/Eucharistiegemeinschaft und Kirchengemeinschaft zu verstehen ist und ob und in welchem Umfang eine Übereinstimmung in allen Fragen der Ordnung des Amtes für die Kirchengemeinschaft nötig ist. Über viele Jahrhunderte sah die gemeinsame katholische Tradition die Kirchenmitgliedschaft in der Taufe und im Glauben begründet; die Bereitschaft zur Gemeinschaft mit dem Bischof von Rom war dabei vorausgesetzt. Eine Engführung der Bestimmung des »eigentlichen« Kircheseins auf das exklusive Kriterium der apostolischen Sukzession im Weihesakrament ist eine neuere Entwicklung in einzelnen römisch-katholischen Lehrschreiben. Diese Begrifflichkeit und die dabei leitende theologische Intention können sich nicht auf das 2. Vatikanische Konzil berufen. Wenngleich eine Klärung dieser Frage in den ökumenischen Dialogen noch nicht erreicht wurde, bestehen doch schon jetzt grundlegende amtstheologische Übereinstimmungen. Die gemeinsamen Überzeugungen im Blick auf den Ursprung, die Aufgabe, die Besonderheit und die Bedeutung des Amtes für die Einheit der Kirche betreffen Grundbestimmungen der Apostolizität des kirchlichen Amtes. Sie entkräften die evangelischen Bedenken gegenüber der römisch-katholischen Sicht der Rolle des amtlichen Dienstes und erlauben der römisch-katholischen Seite zu sehen, dass das an die Ordination gebundene Amt in den evangelischen Kirchen dem Verbleiben in der apostolischen Tradition dient. Die Treue zum apostolischen Ursprung wird in der Nachfolge Jesu Christi nicht von Menschen garantiert, sie ist vielmehr eine Gabe des Geistes Gottes. Für den neutestamentlichen Begriff des Apostolats ist es entscheidend wichtig, ob Menschen als Zeuge und Zeugin für die Auferstehung Jesu Christi öffentlich eintreten und damit Verantwortung für die Bildung und den Erhalt der christlichen Gemeinde übernehmen. Da dies in der römisch-katholischen Kirche sowie in den evangelischen Kirchen gewährleistet ist, steht der wechselseitigen Anerkennung der Apostolizität der Dienstämter kein theologisches Argument entgegen: Kirchliche Dienstämter wirken in der Kraft des Geistes Gottes durch die Evangeliumsverkündigung in Wort und Sakrament; die erfahrbare, von der Gemeinschaft der Getauften wahrnehmbare geistliche Wirksamkeit der Ämter begründet das geistliche Urteil über die Valenz der Dienstämter.

7. *Das Verhältnis zwischen Kirchen- und Eucharistiegemeinschaft*

(7.1) Es besteht zwischen der römisch-katholischen und der reformatorischen Theologie grundlegend Einigkeit in der Annahme, dass die eucharistische Feier nicht nur eine Begegnung eines einzelnen Menschen mit Jesus Christus ermöglicht, vielmehr die Liturgie von Abendmahl/Eucharistie eine Zeichenhandlung ist, bei der die Gemeinschaft der versammelten Glaubenden des Grundes ihrer österlichen Existenz – in ihrer Gemeinschaft untereinander in der Verbundenheit mit Jesus Christus – vergewissert wird, indem sie auf Gottes Wort hört und Mahl miteinander feiert. Den in allen konfessionellen Traditionen bestehenden Gefahren einer Verengung der Perspektive auf die individuelle Teilhabe an der Eucharistie sind in den Epochen der Kirchengeschichte einzelne Strömungen immer wieder erlegen. In liturgischen Reformbewegungen wurde und wird der theologische Charakter der eucharistischen Feier als einer von der Gemeinschaft der Christgläubigen vollzogenen Danksagung für die von Gott geschenkte Versöhnung in der Gemeinschaft der Christgläubigen vielfach angesprochen. In den ökumenischen Dialogen stellt sich die Frage, welche Gestalt der Kirchengemeinschaft die Voraussetzung für die eucharistische Mahlgemeinschaft ist: Reicht es aus, im Bekenntnis zu Jesus Christus eins zu sein und im theologischen Verständnis der liturgischen Handlung übereinzustimmen, oder bedarf es einer Einheit der Kirchen auf institutioneller Ebene, um gemeinsam das Abendmahl/die Eucharistie zu feiern? Auf diese Frage geben die evangelische und die römisch-katholische Lehrtradition unterschiedliche Antworten.

(7.2) Gemeinsam lesen alle christlichen Traditionen das Wort der Schrift und nehmen ernst, dass der Begriff *»koinonia«* (Gemeinschaft) das Schlüsselwort der eucharistischen Texte des Paulus ist. Denn dadurch, dass Jesus Christus Anteil an seinem Heil schaffenden Leben und Sterben, seinem »Leib und Blut« gewährt, werden die Glaubenden in die engste Lebensgemeinschaft mit ihm hineingenommen. Deswegen ist für Paulus die aus dem Herrenmahl erwachsende *koinonia* nicht einfach Teilhabe, sondern eben *gemeinsame* Teilhabe durch Teil*gabe*. Die gemeinsame Teilhabe wird dort wirksam, wo sie aus den Teilhabenden Gemeinschaft werden lässt. Die innere Verbindung der Gläubigen mit Christus und untereinander kommt zum Ausdruck in dem Ineinander der drei Bedeutungen von »Leib Christi«, wie sie gerade für Paulus zentral ist: der Leib Jesu Christi am Kreuz als Hingabe, der Leib Jesu Christi als Eucharistie, der

Leib Jesu Christi als Kirche. Die Teilhabe am eucharistischen Leib schließt den Zusammenhang mit dem »Leib Christi« ein. Grundlegend ist der Text 1 Kor 10,16f: »Ist der Kelch des Segens, über den wir den Segen sprechen, nicht Teilhabe am Blut Christi? Ist das Brot, das wir brechen, nicht Teilhabe am Leib Christi? Ein Brot ist es. Darum sind wir viele ein Leib; denn wir alle haben teil an dem einen Brot.«

(7.3) Von ihren Anfängen an steht die christliche Mahlgemeinschaft gleichzeitig vor zwei Herausforderungen – Identität und Integration. Dort, wo Identität der Glaubenden in den Anfangszeiten der Christenheit noch durch konkrete Abgrenzung nach außen gewonnen werden muss, ist eine Öffnung der Grenzen schwer, ja geradezu unmöglich (vgl. 1 Kor 8). Zum anderen aber sieht Paulus den Beginn einer neuen universalen Gemeinschaft auf dem Fundament des Christusereignisses bereits gegeben. Diese neue Gemeinschaft entwickelt eine universale Integrationskraft (vgl. Gal 3,28) und diese zeigt sich insbesondere in der Feier des Herrenmahls. *Koinonia* im paulinischen Sinne ist daher entweder Hineinnahme in Christi Hingabe, eine Hineinnahme, die das Heilsereignis am Kreuz gegenwärtig und erfahrbar *für alle* werden lässt, oder sie ist keine Gemeinschaft in Christus (vgl. 1 Kor 11). Darum ist dort, wo die Grenzen überwindende Wirkung dieser Feier durch die Missachtung der Armen verweigert wird, die Feier keine Feier des Herrenmahls, sondern ein Essen und Trinken zum Gericht (vgl. 1 Kor 11,20.24.27.34).

(7.4) Es gibt in der Theologiegeschichte eine Fülle an Belegen für eine theologische Begründung der engen Verbindung zwischen der bestehenden Glaubensgemeinschaft und der eucharistischen Gemeinschaft. Im Altertum stand dabei die Frage im Mittelpunkt, ob die zur Eucharistie versammelte Gemeinde den wahren Glauben teilt, der bei Konzilien als rechtmäßig anerkannt wurde. Schwere Verstöße gegen das in der Taufe abgelegte Versprechen zu einem Leben im Geist Jesu Christi wurden mit dem Ausschluss aus der eucharistischen Gemeinschaft geahndet; zur Wiederaufnahme in die Gemeinde gab es ein geregeltes Verfahren. Mit dem Aufkommen der individuellen Buße durch das persönliche Sündenbekenntnis vor berufenen Beichtvätern verlor der Gemeinschaftssinn der liturgischen Feiern an Bedeutung. Angesichts der im frühen Mittelalter beginnenden eucharistischen Frömmigkeit durch die Betrachtung der gewandelten Hostie verwundert es nicht, dass der mit der Mahlfeier verbundenen Aspekt der Gemeinschaftsbildung zunehmend in den Hintergrund trat, auch wenn er auf der theologischen Ebene niemals explizit in Frage gestellt worden ist. Nicht zuletzt angesichts der Ökumenischen Bewegung kam es im 20. Jahrhundert zu einer Wiederentdeckung der gemeinschaftlichen Grundstruktur jeder liturgischen Feier. Dazu haben die liturgischen Bewegungen der evangelischen wie auch der römisch-katholischen Kirche im 20. Jahrhundert einen wichtigen Beitrag geleistet.

(7.5) An der in der gesamten Traditionsgeschichte verbürgten, inneren Verbundenheit von Christusereignis, Abendmahl/Eucharistie und Gemeinschaft der Glaubenden hat auch Martin Luther festgehalten, besonders deutlich in seinen Schriften aus den Jahren 1519 bis 1524. In der Schrift »*Ein Sermon von dem hochwürdigsten Sakrament des heiligen wahren Leichnams Christi und von den Bruderschaften*« wird in beispielhafter Weise der Gemeinschaftscharakter der im Rechtfertigungsgeschehen vollzogenen »*unio cum Christo*« im Bilde des Leibes Christi deutlich. Christus und die Heiligen, im Sinne des Glaubensbekenntnisses als *communio sanctorum* verstanden, bilden »eynen geystlichen corper«, in den der Empfang des Sakramentes einverleibt (vgl. *Vom Sakrament des Leichnams Christi:* WA 2,743,7–30). Im Empfang des Sakraments wird der kommuniale Charakter des »gnädigen Wechsels und Vormischung« (vgl. *Vom Sakrament des Leichnams Christi:* WA 2,749,32) im Rechtfertigungsgeschehen und damit zugleich dessen ekklesiale Dimension deutlich. Hierauf zielt auch Luthers Spitze gegen ein rein subjektivistisches sowie ein verobjektivierendes Verständnis des Sakraments, das auf eine fast magische Auffassung von der Verwandlung der Gaben blickt (vgl. *Vom Sakrament des Leichnams Christi:* WA 2,749,36ff) und den eigentlichen kommunialen Charakter des Geschehens vernachlässigt.

(7.6) Die Confessio Augustana nimmt die von Luther vorgenommene Bestimmung der Kirche als die Gemeinschaft der Glaubenden, die mit der Gemeinschaft der Heiligen im Apostolischen Glaubensbekenntnis identifiziert wird, in den bekannten ekklesiologischen Artikeln 7 und 8 auf: »die christliche Kirche« ist »nichts anderes ... als die Versammlung aller Gläubigen und Heiligen« (CA 8). Die Gemeinschaft der Glaubenden ist dabei ganz von dem bestimmt, was Gott durch Jesus Christus an ihr getan hat und durch die Selbstvergegenwärtigung Jesu in der Kraft des Geistes im Vollzug des Gottesdienstes an ihr tut. So ist die um Wort und Sakrament versammelte Gemeinde nach evangelischer Auffassung zeichenhafte Darstellung der in Jesus Christus mit Gott und untereinander versöhnten Gemeinschaft.

(7.7) Im 20. Jahrhundert haben in der römisch-katholischen Kirche mehrere Strömungen das Anliegen vertreten, den Geist der Gemeinschaft aller Glaubenden zu stärken: die Jugendbewegung, die Liturgische Bewegung, die Una-Sancta-Bewegung und die Bibelbewegung. Die wesentlichen Anliegen dieser Initiativen haben Aufnahme in die Dokumente des 2. Vatikanischen Konzils gefunden. Mit dem Grundgedanken von Kirche als »Communio« (Gemeinschaft) ist eine theologische Fundierung vorgenommen worden. Das 2. Vatikanische Konzil benennt als diesen theologischen Grund die trinitarische Gemeinschaft Gottes selbst (vgl. LG 4). Die Communio der Kirche wird sakramental grundgelegt, und diese sakramentale Grundlegung im trinitarischen Heilshandeln Gottes entzieht zugleich das einheits- und gemeinschaftsstiftende Geschehen menschlicher Machbarkeit. Die Gemeinschaft der Kirche wird als solche nicht gemacht, sondern geschenkt.

(7.8) Auf der Ebene der geltenden Rechtsordnungen für die gemeinsame Feier von Abendmahl/Eucharistie bestehen Unterschiede: Die aus der Geschichte geerbte und durch die Communio-Ekklesiologie des 2. Vatikanischen Konzils nochmals verstärkte enge Verbindung von Eucharistie und Kirchengemeinschaft stellt vor ein Dilemma. Als es im Konzil um die Verhältnisbestimmung von Kirchengemeinschaft und Sakramentsempfang in ökumenischer Perspektive ging, hielten die versammelten Konzilsväter zunächst fest, dass »die Gemeinschaft beim Gottesdienst nicht als ein allgemein und ohne Unterscheidung gültiges Mittel zur Wiederherstellung der Einheit der Christen« angesehen werden darf. Sie wenden diese Abgrenzung aber sofort ins Positive, wenn sie zwei Prinzipien aufeinander beziehen: »die Bezeugung der Einheit der Kirche und die Teilnahme an den Mitteln der Gnade«. Bei der Präsentation des Textes in der Konzilsaula wurden diese als in einer dialektisch stehenden Beziehung erklärt. Das Konzil stellt fest: »Die Bezeugung der Einheit verbietet in den meisten Fällen die Gottesdienstgemeinschaft, die Sorge um die Gnade empfiehlt sie indessen in manchen Fällen« (UR 8). Von diesem dialektischen Verständnis sind die gesamte postkonziliare Lehrentwicklung und entsprechende Normen geprägt. Vor dem Hintergrund der genannten Prinzipien werden unter Berücksichtigung situativ gegebener oder biographisch wirksamer Faktoren die Zulassung zur vollen Partizipation in der Eucharistischen Feier für Getaufte einer anderen christlichen Konfession ermöglicht.

(7.9) Nach reformatorischer Lehrtradition ist die in der Taufe gefeierte Zugehörigkeit zum Leib Christi ein hinreichender Grund dafür, gemeinsam das Abendmahl/die Eucharistie zu feiern. Da nicht kirchliche Amtsträger, vielmehr Jesus Christus selbst dazu auffordert, das Gedächtnis seiner uns erlösenden Hingabe in der zum Mahl versammelten Gemeinschaft zu feiern, soll nicht ausgeschlossen werden, wer sich durch Glauben und Taufe zu Jesus Christus bekennt. Bei dieser offenen Einladung der Getauften zum Abendmahl/zur Eucharistie ist der Charakter der liturgischen Feier als Mahl in Gemeinschaft nicht aufgegeben, vielmehr werden die Grenzen der Gemeinschaft anders bestimmt: Zur Gemeinschaft gehören alle Getauften, insofern die Taufe die Zugehörigkeit zu Jesus Christus und die Gemeinschaft am Leib Christi begründet.

(7.10) Die konfessionsverbindenden Ehen und Familien sind ein Zeichen der Hoffnung für die Ökumene. Sie sind ein Ort der konkreten pastoralen Bewährung der theologischen Grundprinzipien vor den Herausforderungen unserer Zeit. Die in der Taufe begründete Glaubensgemeinschaft wird in der Ehe bekräftigt und im Alltagsleben wirksam. Frühe Zeugnisse der Tradition bezeichnen die eheliche Gemeinschaft als »Hauskirche«. Der ekklesiale Status der in dem gemeinsamen Glauben an Jesus Christus begründeten Lebenspartnerschaft kann mit theologischen Argumenten begründet werden.

(7.11) Die wechselseitige Anerkennung der Taufe, wie sie 2007 in der »Magdeburger Erklärung« ausgesprochen ist, impliziert ekklesiologische Konsequenzen und kann als Teilschritt auf dem Weg zur Kirchengemeinschaft verstanden werden. Indem durch den Vollzug der Taufe ihre Gliedschaft am Leib Christi begründet wird, sind die Getauften in die Einheit mit Jesus Christus und darin in die Einheit mit seinem Volk hineingenommen. Das »Grundeinverständnis über die Taufe« ist stärker als die Unterschiede im Verständnis der Kirche. Analog ist zu sagen, dass Abendmahl/Eucharistie mit Jesus Christus verbindet und dass die das Mahl Feiernden mit Christus und zugleich mit seinem Volk aller Zeiten und Orte vereint werden. Daher ist ernsthaft zu fragen, ob nicht das im Blick auf das Abendmahl/die Eucharistie erkennbare gemeinsame »Grundeinverständnis« zur gegenseitig ausgesprochenen Einladung berechtigt.

8. Votum für die Teilhabe an den Feiern von Abendmahl/ Eucharistie in Achtung der jeweiligen liturgischen Traditionen

(8.1) Der Ökumenische Arbeitskreis evangelischer und katholischer Theologen betrachtet die Praxis der wechselseitigen Teilnahme an den Feiern von Abendmahl/Eucharistie in Achtung der je anderen liturgischen Traditionen als theologisch begründet. Sie ist insbesondere in der Situation konfessionsverbindender Familien pastoral geboten. Sowohl im Blick auf den Einzelfall als auch auf die allgemeine Normgebung darf sich niemand mit den bisherigen Lösungen zufriedengeben. Ein solches Votum impliziert die Anerkennung der jeweiligen liturgischen Formen sowie der Leitungsdienste, wie sie von der feiernden Gemeinde vorgesehen sind, die im Namen Jesu Christi Getaufte anderer Konfessionen zur Mitfeier einlädt. Eine aktuell jeweils vereinbarte neue Form der eucharistischen Liturgie jenseits der historisch gewachsenen Traditionen ist mit diesem Votum nicht beabsichtigt. Es wird bei der von uns vorgeschlagenen Praxis vorausgesetzt, dass die Taufe als sakramentales Band des Glaubens und als notwendige Voraussetzung der Teilnahme anerkannt ist. Unter dieser Voraussetzung können auch jene Autoritäten respektiert werden, für die in der römisch-katholischen Liturgie gebetet wird (namentlich die Ortsbischöfe und der Papst). Eine solche Praxis der Einladung zu bereits gelebten Traditionen schließt ein, dass auf Zukunft hin die ökumenischen Gespräche fortgeführt werden, um auch weiterhin Antworten auf die Frage nach der Gestalt umfassender sichtbarer Einheit der Kirche Jesu Christi in irdischer Zeit und in den Lebensräumen der Menschen zu suchen. Wir stützen unser Votum auf bibeltheologische, historische, systematisch-theologische und praktisch-theologische Argumentationen, die hier zuvor ausführlich dargelegt wurden. Folgende Überlegungen sind dabei leitend:

(8.2) Der Gehalt der Feiern von Abendmahl/Eucharistie kann heute ökumenisch einvernehmlich beschrieben werden. Ihr Grund und ihr Ziel sind identisch: Wir feiern in österlicher Hoffnung das von Jesus Christus selbst gestiftete Gedächtnis seines erlösenden Lebens und Sterbens für uns in einer liturgischen Handlung, in der seine Gegenwart in der Kraft des Heiligen Geistes im verkündigten Wort und im Mahl erfahrbar und wirksam wird. Deshalb stehen Jesu Worte zu Brot und Wein (verba testamenti) im Zentrum der eucharistischen Liturgie: Christinnen und Christen verkünden den Tod Jesu, sie glauben, dass er lebt und sie hoffen, dass er kommt zum Heil der Welt. Die innere Bereitung der Glaubenden für die Feier des von Gott eröffneten Geheimnisses seines versöhnenden

Wesens in Umkehrbereitschaft und Bußfertigkeit ist ein konstitutiver Bestandteil in allen konfessionellen Liturgien, auch wenn die konkrete Gestaltung variiert.

(8.3) In vielen ökumenischen Gesprächen ist die Erkenntnis vertieft worden, dass die unterschiedlichen theologischen Inhalte und die unterschiedlichen Formen der liturgischen Feiern von Abendmahl/Eucharistie einer wechselseitigen Partizipation an der Feier dieses sakramentalen Geheimnisses nicht im Wege stehen müssen. Lehramtliche Texte in der römisch-katholischen Tradition führen die Trennung im eucharistischen Mahl zumeist auf Differenzen im Verständnis der amtlichen Leitung zurück. Diesbezüglich wird die Wahrung der Teilhabe an der apostolischen Sendung angemahnt. Inzwischen konnte in zahlreichen nationalen und internationalen ökumenischen Dialogen ein gemeinsames, differenziertes Verständnis der Apostolischen Sukzession erreicht werden, das es ermöglicht, das ordinationsgebundene Amt in seinen unterschiedlichen konfessionellen Ausprägungen als apostolisch begründet zu erachten: Mit dem Begriff »Apostel« werden in den neutestamtlichen Schriften nicht nur die zwölf Jünger, sondern auch die Zeugen und Zeuginnen für den auferstandenen Christus bezeichnet. Die Annahme einer ununterbrochenen Kette der Handauflegungen von den Aposteln bis heute ist von Beginn an apologetisch motiviert und lässt sich historisch nicht erweisen. Die Verbindung zwischen dem apostolischen Ursprung und dem Glaubensleben der Gemeinden heute geschieht in der Kraft des Geistes Gottes und wird durch sie gewahrt. Die Verbindung geschieht durch schriftgemäße Verkündigung des Evangeliums in Wort und Sakrament kraft des Geistes Gottes. Auch in der Gegenwart wird jedes kirchliche Amt daraufhin zu prüfen sein, ob die Kriterien der verheißenen Geistwirkung bei der Ausübung des Dienstes erfüllt sind: Die Gemeinde soll auferbaut und gefestigt werden, die Gewissen sollen getröstet, die Notleidenden im Blick bleiben und die österliche Hoffnung gestärkt werden. Es entspricht der gegenwärtigen ökumenischen Verständigung, bei der Überprüfung dieser Kriterien dem übergemeindlichen Aufsichtsamt (der Episkopè) – sei es personal, sei es presbyterial-synodal geordnet – besondere Bedeutung zuzumessen. Die heute schon in der Ausbildung, der Förderung und Unterscheidung der geistlichen Berufungen sowie bei der Amtsübertragung in der Ordination unter Gebet und Handauflegung in der Ökumene geübte Sorgfalt zum Schutz der Verkündigung des Evangeliums berechtigen zu dem Vertrauen, dass die ökumenischen Partner sich bei den Ordnungen der Amtsübertragung ihrer Verantwortung vor Gott bewusst sind.

(8.4) Es ist ein Gebot der ökumenischen Sensibilität, bei der Gestaltung der liturgischen Feiern so weitgehend wie im Sinne der eigenen Tradition möglich, auf die Anliegen der anderen Konfessionen Rücksicht zu nehmen. In diesem Zusammenhang können sich die in den ökumenischen Gesprächen gewonnenen Erkenntnisse in der Praxis auswirken: Die beiden Mahlgesten, die Jesus gestiftet hat, sind als eine ausdrucksstarke Doppelhandlung zu verstehen, durch die sein Bundeswille trotz der Sünde der Menschen zur Darstellung kommt. Es entspricht dem Willen Jesu, wenn alle das Mahl Feiernden das gebrochene Brot essen und aus dem einen Becher trinken. Nach ökumenischer Überzeugung ist die Gegenwart Jesu Christi für die Mahlgaben verheißen, solange ihr stiftungsgemäßer Gebrauch erkennbar ist; von daher ist auch der sorgsame Umgang mit den Mahlgaben begründet. Einzelne liturgische Gebete sind auf ihre Missverständlichkeit bezüglich des Opferbegriffs hin zu prüfen; es darf nicht der Eindruck entstehen, als opfere die Gemeinde Jesus Christus für Gott, denn es ist vielmehr Gott, der die Gaben der Gemeinde – materiale wie geistige – würdigt, sie zur Feier der Lebenspreisgabe Jesu Christi dienen zu lassen. In der Ökumene der Zukunft wird es hilfreich sein, sich auf eine verbindliche Präzisierung zu verständigen und sich auf bestimmte Grundregeln der liturgischen Praxis zu einigen.

(8.5) Viele getaufte Menschen sind durch die eigene konfessionelle Tradition geprägt und deshalb kaum damit vertraut, wie in anderen Kirchen Abendmahl/Eucharistie gefeiert wird. Die Feier dieses Sakramentes kann nicht nur als ein Höhepunkt des Glaubenslebens bei bereits bestehender Kirchengemeinschaft betrachtet werden. Die Erfahrung spricht dafür, dass das Erleben eucharistischer Gemeinschaft in der Feier des Abendmahls auch eine Quelle der Hoffnung auf dem Weg zu dem von Gott gewünschten Ziel ist: der vollen sichtbaren Einheit der Kirche in der Gegenwart des Reiches Gottes. Auf dem Weg dorthin können die in der Taufe sakramental bereits verbundenen Menschen in der Feier des Mahls Kraft schöpfen für die Bewährung ihres Lebensalltags sowie Ermutigung erfahren für den Dienst am Nächsten in der Welt.

Together at the Lord's table
A statement by the Ecumenical Working Group of Protestant and Catholic Theologians

1. *Introduction*

(1.1) The Ecumenical Working Group of Protestant and Catholic Theologians, which was founded in Paderborn in 1946 under the episcopal chairmanship of Lorenz Jaeger and Wilhelm Stählin, has dealt frequently and intensively with the topic »Holy Communion/ Eucharist and Ministry« from an ecumenical perspective. In numerous ecumenical dialogues on the national and international level, convergences have been achieved, which should now be compiled and combined. In recent times, other ecumenical bodies have also attempted to summarise the positions on the topics of understanding of the Church, Holy Communion/Eucharist and Ministry.

(1.2) Some years ago, ecumenical hermeneutics opened the harvest period for the fruits of previous ecumenical dialogues. This concern is combined with the determination to follow up the relevant theological understandings with practical consequences, to be agreed upon in a binding way. In our context, the »Joint Declaration on the Doctrine of Justification« (1999) can function both as guide and warning. Efforts to examine the state of the dialogues »in via« – on the way to church communion – were received with widespread approval. At the same time, it was regretted that these efforts apparently failed to bring consequences at the level of local ecumenical life in the congregations, organisations and families.

(1.3) The presentation below is guided by the following ecumenical interests: (1) Provision should be made for the fact that the theological dialogues conducted ecumenically in the past decades have succeeded in coming to such a degree of understanding in all issues connected with the Holy Communion/Eucharist which had been controversially discussed in the 16th century that it is no longer permissible to regard the remaining differences as church-dividing. (2) It is established and affirmed that there is unanimous agreement on the theological meaning of the Holy Communion/Eucharist, and that on this basis the diversity of liturgical traditions is appreciated. (3) It should become clear that all theological disciplines (exegetical, historical, systematic and practical) enable their own respective access to the topic of the Holy Communion/Eucharist, which are given consideration in the general theological understanding of the Holy Communion/Eucharist developed here; the expectation is that in each case the current state of research is represented. (4) The past and present diversity of liturgical practice in the celebration of the Holy Communion/Eucharist is the constant point of reference for all these reflections. Their aim is to recognise and support all efforts which affirm the theological meaning and share on this basis the concern to celebrate Holy Communion/Eucharist together. (5) The presentation focuses on the Western tradition and makes only occasional reference to Orthodoxy; rapprochements in the whole ecumenical spectrum can only be achieved gradually. However, ecumenism will always have to strive for a multilateral perspective if it is not to lose sight of its goal of church unity in the sense of common confessional tradition.

(1.4) In our title we consciously refer to the joint celebration of the Holy Communion/Eucharist. Eucharist is giving thanks and praise for God's action as Creator and Redeemer. At the Last Supper this divine promise of his presence is given by words and symbolic acts for all times. Together we are called to the living memorial of this legacy of Jesus Christ.

(1.5) Thematically our study is structured as follows: The starting point of the reflections is a common testimony regarding the theological meaning of the celebration of the Holy Communion/Eucharist (Section 2). The biblical-theological foundation demonstrates the various ways in which the Lord's Supper was celebrated by the early Christians, as witnessed by the New Testament texts, resulting from the events of Jesus' death and resurrection (Section 3). A tour through the history of the forms of celebration helps to recognise the diversity of liturgical practice (Section 4). The ecumenical controversies and the convergences achieved are described (section 5). Special attention is paid to the question of the office of ministry at the Holy Communion/Eucharist (Section 6). The relationship between church communion and Eucharistic fellowship has to be considered (Section 7). Finally there is a plea to open the denominational Lord's Supper to Christians from other traditions (Section 8).

2. *Common testimony*

In accordance with the spiritual character of the Holy Communion/Eucharist, we begin these remarks with a common testimony.

(2.1) Jesus Christ promised his presence to those who come together in his name (cf. Mt 18:20). He is in their midst, even if only two or three gather in his name. He becomes present to them as they worship him by hearing, singing and praying. He unites with them when people receive baptism in the name of the Father, the Son and the Holy Spirit, making them members of his body. In his body and blood, given to all, he offers himself to them as they trust in his promise and partake of bread and wine in the Eucharistic celebration of Holy Communion.

(2.2) The promise of his presence transcends and encompasses confessional boundaries and demarcations standing in the way of Christendom's visible unity – it is profoundly ecumenical. It underlies every single step in ecumenism. Wherever Catholic, Orthodox, Lutheran, Reformed, Anglican, Baptist and Methodist Christians are gathered in his name, Christ fulfils his promise to be there in their midst. They are united in Christ long before they have agreed on the concrete forms of their unity and made concrete arrangements for their togetherness.

(2.3) It is in accordance with the will of Jesus Christ that believers pray together in his name and gather for ecumenical services of worship, irrespective of their different denominational affiliations and backgrounds. The strongest expression of ecumenism in church and parish life is when members of various Christian churches celebrate services jointly and pray the Lord's Prayer together. This takes place today in many parts of the world with gratifying determination, quite naturally and unselfconsciously. Ecumenical services trusting in the promise of the presence of Jesus Christ are pacemakers of unity. »Welcome one another … just as Christ has welcomed you, for the glory of God« (Rom 15:7). Precisely here the apostle's appeal should come into its own.

(2.4) The Christian churches are unanimously certain that the presence of Jesus Christ is expressed most intensely and profoundly in the fellowship at the Lord's Table and that the encounter with him in the celebration of the Holy Communion/Eucharist comes to pass in a concentration that cannot be surpassed under earthly conditions. That is why the separation at the Lord's Table is felt to be particularly painful. It is one of the most urgent goals of ecumenical understanding to overcome this.

(2.5) The mutual recognition of baptism, as expressed by many member churches of the Council of Christian Churches in Germany in 2007 in the »Magdeburg Declaration«, can be regarded as a decisive step on the way to fellowship at the Lord's Table. The decisive passage states: »Baptism, as participation in the mystery of Christ's death and resurrection, means rebirth in Jesus Christ. Whoever receives this sacrament and affirms God's love in faith is united with Christ and simultaneously with his people of all times and at all places. As a sign of the unity of all Christians, baptism is the bond with Jesus Christ, the foundation of this unity. Despite differences in our understanding of church, we share a basic understanding on baptism.« Since the act of baptism constitutes their membership in the body of Christ, those who are baptised enter into unity with Jesus Christ and thus into unity with his people. The »basic understanding on baptism« is stronger than the differences in the understanding of the church. It is to be clarified whether a common »basic understanding« may prove to emerge with regard to Holy Communion/Eucharist, enabling – in analogy to the recognition of baptism – a mutual recognition of the respective liturgical forms of celebrating the Lord's Supper and their theological content and thus justifying an invitation to mutual participation. This text seeks to examine this possibility .

(2.6) The celebration of Holy Communion/Eucharist unites us with Jesus Christ and at the same time with his believers of all times and at all places. This fellowship with God in the Spirit of Jesus Christ encompasses and transcends space and time. The celebration of the Holy Communion/Eucharist takes place in the communio sanctorum, uniting the living and the dead in resurrection hope.

3. Basic biblical considerations

Faith and life are based on the salvific act of God, who raised the crucified Jesus from the dead. The manifold testimonies handed down in the New Testament writings can, however, only offer a sketchy picture of the historical origins of the Church.

Different testimonies in the New Testament show that specific forms of community life already emerged in the earliest congregations: baptism into Jesus Christ once and for all; a regular celebration of the Lord's Supper in commemoration of Jesus' last meal with his disciples; social support of needy people in the church (diaconia); and the spreading of the saving message of Jesus Christ (mission).

Since its beginnings as testified by the New Testament, the Church has seen the celebration of the sacred meal as a portrayal of its unity in fellowship with Jesus Christ. Even if the diversity of testimonies in the New Testament and thereafter does not permit a definite reconstruction of the historical origins and forms of an early Christian Lord's Supper, there is no doubt that meals with a specific reference to the story of Jesus Christ, clearly differentiated from ordinary filling meals, were essentially characteristic of those congregations which, through the work of the Holy Spirit, were connected to the one, holy, Catholic and apostolic Church.

A significant feature of early Christian meal celebrations was the reference to Jesus' Last Supper with his disciples, as described vividly in the Passion stories of the Gospels, but also reported by Paul (1 Cor 11:23). A visible characteristic of these celebrations was the enacted recollection of the fact that Jesus had given himself to his disciples in bread and wine as a gift of salvation. At his last supper, according to the New Testament testimonies, Jesus promised his disciples lasting fellowship with their Lord beyond his imminent death. Thus fellowship in life and teaching with all who enter into discipleship with Jesus was extended by him to a horizon at the end of the world. The eschatological symbolism of the Last Supper of Jesus reflects proleptically the resurrection communion of the congregations with Christ and the final fulfilment of God's covenant with his people through the forgiveness of sins (cf. Mt 26:28; 1 Cor 11:23–29).

From an Easter perspective, this represents the origin of the one Church of Jesus Christ. On this basis, the New Testament reveals a variety of forms for celebrating the Lord's Supper as well as characteristic features of a practice alluding to the death and resurrection of Jesus. These different forms of meal fellowship in the New Testament demonstrate certain common features relating to content and interpretation, which will be explained in what follows. Only fragmentary sources exist regarding the historical beginnings of the Holy Communion/Eucharist and its earliest theological interpretations. If Paul had not been compelled to respond to conflicts in the church of Corinth concerning practices at the Lord's Supper, we would very likely not have had any explicit statement from him at all about the Holy Communion/Eucharist. Some New Testament writings also presuppose a practice of celebration in the congregation, but do not describe them specifically. The sparse details they offer on questions of worship celebration contrast starkly with the burden imposed upon them by church and theology in order to justify the central features of their own worship practice. The testimonies that we possess can neither be understood without their biblical, early Jewish context, nor without consideration of ancient meal culture, which always possessed religious aspects. Recently, the early, apocryphal Acts of the Apostles dating from the second century and other Christian literature have also been given closer consideration in order to gain a better insight into the diversity of early Christian practice of the Lord's Supper. The origins go back to the period before Easter; the unique features of Jesus' practice as described in the Gospels only come to light when compared with early Jewish meal traditions.

(3.1) The New Testament itself does not reveal any fixed *terminology* for describing the practice at communal meals. The terms employed there do not necessarily refer to identical kinds of celebration. They express different aspects of communal meals. Paul speaks of the *Lord's supper* (1 Cor 11:20), deducing from this what he »received from the Lord« and what »the Lord Jesus« said and did on the night when he was betrayed. This celebration proclaims the Lord's death »until he comes« (1 Cor 11:23–26). The term *»breaking of bread«* (Acts 2:42,46; 20:7,11; 27:35; cf. also 1 Cor 10:16) refers back to the opening gesture by the leader at table in the Jewish meal tradition, symbolising the fellowship (cf. Mk 6:41 par. Mt 14:19; Mk 8:6 par. Mt 15:36; Mk 8:19; 14:22 par. Lk 22:19; Lk 24:30), but at the same time it is the term for the congregational meal as a whole. The New Testament speaks only once of *agape*, in Jud 12. The term probably does not denote a love-meal or a banquet, which developed into an independent »sacramental« meal, but the congregational meal as a whole (cf. Tert., Apol. 39). The name *Eucharistia* is not yet used in the New Testament, but is to be found in texts from the second century onwards (cf. Did 9:1) and then proceeds to become the principle expression; it is derived from the prayers of blessing and thanks spoken over the gifts, indicating their constitutive function for the meal (cf. 3.10.1). Later talk of the *Holy Communion* recalls Jesus' last meal with his followers »in the night when he was betrayed« (1 Cor 11:23).

(3.2) The *biblical, early Jewish roots* of the meal practice testified in the New Testament are initially evident with Jesus himself. It is not only with words that he proclaims the Kingdom of God (Mk 1:15; Lk 10:9 par. Mt 10:7), but he also celebrates its coming with people who are excluded from religion and society, giving it a tangible form by eating together with »tax collectors and sinners« (Mk 2:15–17 par. Mt 9:10–13; Lk 5:27–39; 7:36–50; 9:10–17; 10:38–42; 11:37–53; 15:1f.; 19:1–10). He also sits at the table of Pharisees and rich people (Lk 14:1–24). Biblical, early Jewish images of feasts and rich food in the Kingdom of God at the end of days (Is 25:6; cf. Am 9:13–15; Zec 9:17; 2 Bar. 29:5f.; Qumran: 1QS[a] 2:17–21) are concentrated by Jesus into a central, real-life symbol, which is also echoed in his analogies and parables, such as that of the Great Dinner (Lk 14:16–24 par. Mt 22:1–10; cf. also Lk 12:35–38; 13:28f. par. Mt 8:11f.; 15:22–32; Rev 3:,20; 19:9). His meal practice is characterised by joy over the dawning of the age of salvation and God's will to forgive. For Jesus, the time of his ministry is comparable to a wedding banquet, not to a time of fasting (Mk 2:18f; cf. also Jn 2:1–11). Immediately before his death, Jesus declares that when the Kingdom of God is fulfilled he will »again drink of the fruit of the vine« (Mk 14:25), according to Mt 26:29 »with you« (cf. Mt 1:23 and 28:20). In the recollection of early Christians, the meals shared with Jesus are also connected with the manna provided to the Israelites in the desert (Jn 6:31–33; Mk 6:35–44; 8:1–8; cf. 1 En. 62:14; 2 Bar. 29:8; Rev 2:17) and Elisha's miraculous multiplication of loaves (cf. Jn 6:5–15 with 2 Kings 4:42–44). In the context of ancient banqueting culture, Jesus' meal practice during his ministry in Galilee is remarkable for its openness towards all sections of the people. It ignores social and religious boundaries and sets up no ritual barriers. It does not focus on the temple as the place where God offers reconciliation to humankind, but celebrates the acceptance of sinners in the everyday life of the world.

(3.3) The earliest evangelist, Mark, designates Jesus' final meal, celebrated with his followers in Jerusalem before his death, as a *Passover meal* (Mk 14:12–16). Thus it harks back to Israel's annual commemoration of its founding narrative, the liberation of the Israelites from Egypt, the »land of slavery«, giving hope for future redemption. Matthew and Luke follow the first evangelist (Mt 26:17–19; Lk 22:7–13), whereby Luke underscores the Passover context in his description of the feast as Jesus explains right at the beginning: »I have eagerly desired to eat this Passover with you before I suffer« (Lk 22:15; cf. verses. 15–18 altogether). The fourth evangelist depicts a farewell supper without a Passover framework, but he portrays Jesus from the very beginning of his Gospel as the »the (Passover) Lamb of God that takes away the sin of the world« (Jn 1:29,36; cf. 18:28; 19:36). All four evangelists therefore see Jesus' last meal, which anticipates his death in words and gestures, against the horizon of God's history with Israel, pressing towards the future salvation of God's people and the removal of their sins.

(3.4) The fact that Jesus' farewell meal coincides with the Jewish Passover already shows that it plays a special role as the last of the many meals that he took. The so-called tradition of the Last Supper quoted by Paul in 1 Cor 11:23c–25 (par. Lk 22:19f.) takes place within the framework of a Jewish feast, with its ritual elements of »breaking of bread« with thanksgivings and »blessing the cup (of wine)« at the end of the supper. But new perspectives are opened up by the gestures of passing round the bread and the cup together with the accompanying words of giving. These gift-words establish that the categories of interpretation come from the biblical world. While the reference to the »new covenant« stands in the tradition of Jer 31:31, the blood phrase (»in my blood«) points to the sacrificial character of Jesus' death on the lines of the book of Leviticus. This forms the basis of the »new covenant«, symbolised by the cup that Jesus offers. On the other hand, the phrase »my body for you« (1 Cor 11:24) is open. A reference to the vicarious atonement by God's suffering servant (Is 53) appears likely. The category of »dying for (the fatherland etc.)«, which was widespread in the Greek world and also common in Hellenistic Judaism, could also form the background to this concept. Luke's parallel to the Pauline tradition, with its small additions (Lk 22:19: »my body *which is given* for you«; Lk 22:20: blood *»that is poured out for you«*), seems to strengthen the reference to Scripture (cf. Is 53:12 LXX; Lev 4:7,18,25,30; 8:15 etc.). The Marcan variant: »blood of the covenant, which is poured out for many« (Mk 14:24; cf. Mt 26:28), interprets the death of Jesus in the light of the Sinai Pericope Ex 24 (cf. above all v.8) and alluding to Is 53 (»for many«; cf. also Mk 10:45). In the death of Jesus on the cross for the salvation of all, God establishes his »covenant« with men. The meaning of Jesus' words at his last supper can only be understood in the light of Scripture.

(3.5) When Paul and Luke connect the tradition of the Last Supper with the call to constant remembrance (»Do this in remembrance of me«: 1 Cor 11:24f; Luke 22:19), they reveal the function of this tradition: the invitation to re-enact Jesus' final meal with his disciples serves to standardise the congregational ritual meal theologically. Jesus' last supper is thus declared to be its historical source and the yardstick of life in the Christian community.

(3.5.1) In biblical understanding, remembrance is re-presentation. It takes place here in accordance with Jesus' command and in the horizon of the promise of his presence. The call to constant remembrance does have analogies in memorial acts of pagan worship, but, as the context shows, its decisive roots are to be found in the tradition of the commemoration of the Passover (cf. Ex 12:14: »this day shall be a day of *remembrance* for you«; Ex 13:3: »*Remember* this day, on which you came out of Egypt, out of the house of slavery«).

Paul lets the injunction »Do this in remembrance of me« refer to both gifts, bread and wine (1 Cor 11:24–25). In Luke, this call is only found after the distribution of the bread (Luke 22:19), unless Lk 22:20 is understood as an abbreviated parallel formulation. This corresponds to the fact that at meals described in the Acts of the Apostles there is no mention of wine drinking at all, and that the *terminus technicus* is »breaking of bread«. Whether or not this suggests an ascetic practice of dining without wine, is a subject of controversial discussion among researchers.

(3.5.2) The injunction to constant remembrance, after Jesus had given thanks and passed on the gifts, is not reported by Mark and Matthew. There is no invitation to repeat this action, but only talk of Jesus drinking anew on »that day« in the kingdom of God (Mk 14:25) »with« his disciples (Mt 26:29). Nonetheless, the readers will recognise the words that form the basis of the Lord's Supper which they hold. Both evangelists focus on the interpretation of Jesus' death. When they stress that all the disciples who also all drank from the cup (Mk 14:23; cf. Mt 26:27) deserted Jesus (Mk 14:27,29,31; Mt 26:31,33,35), they make it clear that all were in need of »forgiveness of sins«. This is granted to them by virtue of Jesus' death, whose »blood is poured out for many« (Mk 14:24; Mt 26:28).

(3.5.3) We are unable to know what liturgical role the narrative of Jesus' last supper played at the meals celebrated by the early Christian congregations. The call to constant remembrance is not a command to repeat the words of Jesus, and is particularly not addressed merely to his disciples or to the twelve (cf. Mk 14:17) as archetypes for later officials. The injunctions formulated by Paul in the second person plural are directed at *all participants* at the present celebration of the meal. The texts themselves do not reveal whether Jesus' gift-words were actually spoken over the gifts during the congregational meal. It is not until the *Traditio Apostolica,* dating back to the 3rd or 4th centuries, that they became part of the »thanksgiving« or Eucharistic prayers. They are missing in the early Eucharistic prayers known to us.

(3.6) Whilst in the Synoptic Gospels the last supper of Jesus forms the conclusion of his meal practice, at the same time pointing towards the future, Luke's two books proceed to tell of the meal practice of the post-Easter congregations (Acts 2:46; 20:7–12; cf. also 27:33–38). The meal at Emmaus (Lk 24:13–35) can be understood as the connecting point. The two disciples recognize the risen Christ when he breaks bread for them as lord of the table in a strange house, as he did when he was alive (Lk 24:35). The explicit emphasis on this action becomes a specific feature of Christianity. In the Greek and Roman world, it was seen as an everyday action, if it played a role at all. What is characteristic for the post-Easter meal practice attributed to the Jerusalem Ecclesia in the tradition of Jesus is the Paschal joy (Acts 2:46; cf. also 16:34), the faith in the presence of the resurrected Christ. The first »collective report« in Acts on the community life of the followers of Jesus in Acts 1:14 (»All [the apostles] were constantly devoting themselves to prayer, together with certain women, including Mary the mother of Jesus, as well as his brothers«) does not yet mention the »breaking of bread«; this first comes in the second »collective report« in Acts 2:42 after the »pouring out« of the Spirit at Pentecost and the baptism of the first converts. That means that special communal meals only exist after the receiving of the Spirit and are an expression of his work. Celebrated in the homes, the meals taken together are open and inviting (Acts 2:47; 20:8: the assembly is not secret, but takes place in the brightly illuminated upper chamber; cf. also 27:35). Just as the supper at Emmaus forms a connection between the meal practice of the earthly Jesus and that of the apostolic age, so is Paul's farewell meal in Troas (Acts 20:7–12) – coupled with his farewell speech before the elders of Ephesus in Miletus (Acts 20:17–35) – a connection between Paul's time and the time »after his departure« (Acts 20:29). The »breaking of bread« is associated with comfort and life (v.12; similar to Acts 27:33–38): During the meeting, Paul reanimated a young man named Eutyches from death, who had fallen out of the window. This episode at the transition to the post-Pauline period links the »breaking of bread« to the »first day of the week«, thus programmatically pointing to the future (in Acts 2:43–47, the ideal depiction of the Church's origins, there is still talk of daily communal meals). This indicates that a *weekly* worship practice already existed at the time of Luke. It was marked by the experience of the presence of the resurrected Christ in the Spirit, by comfort and strengthening in the meal (cf. developments in the Early Church under 4.5).

(3.7) The fourth Gospel shows Jesus as guest – at a wedding feast (Jn 2:1–11) or with a small group of friends (Jn 12:1–8) – and as a host feeding a large crowd in a remote place in Galilee before the Passover (Jn 6:1–15). After Easter, he gives a reminder of the Feeding of the Five Thousand by revealing himself to his friends at a meal »at the Sea of Tiberias« again (Jn 21:1–14). During his lifetime he had said of himself »I am the bread of life« (Jn 6:35), and this becomes tangible in the post-Easter meal, at which he is present (Jn 21:13).

Towards the end of his sermon on bread, Jesus speaks of the future: »The bread that I will give for the life of the world is my flesh« (Jn 6:51b). By reference to the tradition of the Lord's Supper (Mk 14:22; Mt 26:26; Lk 22:19; 1 Cor 11:24), this interprets Jesus' gift of bread – with the help of the keyword »flesh« – as an allusion to the reality of the Incarnation of the Logos, which extends into materiality (cf. Jn 1:14; 1 Jn 4:2; 2 Jn 7). But to this day there is also the tradition, with reference to Jn 6:63 (»It is the spirit that gives life; the flesh is useless«), of interpreting the entire conclusion of the sermon on bread in Jn 6:51b–58 metaphorically. On the other hand, in the Gospel of John the actual institution of the Lord's Supper is not mentioned. However, a vision of the future is given by Jesus' injunction to his disciples to wash one another's feet before the farewell supper, illustrating his commandment to love one other (Jn

13:1–20). In this act he shows the meaning of his impending death and places the communal meal within the context of love for one another according to his example.

(3.8) The texts on meals that have been mentioned so far, together with others, enable us to recognise at least the contours of *celebration forms* in early Christian practice. Since the communities gathered »in the houses« (Rom 16:5; 1 Cor 16:19; Phlm 2, etc.), one may generally assume that here the customary forms, structures and customs for the meal emerged which were characteristic for the early Christian fellowship meals.

(3.8.1) It corresponds to both pagan and Jewish symposium culture that a ritual religious meal was unthinkable as an independent, isolated event in the congregations. From the very beginning, ritual gestures and prayers were integrated into an ordinary, filling meal (1 Cor 11:17–34; Acts 2:46). These were accompanied – in accordance with the social character of such assemblies – by the exchange of various oral contributions and the singing of spiritual songs (1 Cor 14; Acts 2:46f; cf. Col 3:16f; Eph 5:18–20). One can only guess at the order in which these elements took place. In Corinth, the meeting may have begun with a filling meal, which was followed by a ritual meal of bread and wine, leading to a kind of »liturgy of the word«. The Emmaus narrative reflects the basic elements of scriptural interpretation and meal (Lk 24:13–32; cf. also Mk 6:34,35–44).

(3.8.2) The components of the actual ritual are bread and wine (diluted with water according to ancient custom). Apart from their biblical significance as God-given basic food products and symbols of festive joy (Dt 16:13; Ps 104:15; Eccl 9:7), the way they were distributed in the small communities of the early church period already has a strong symbolic expression. Just as *one* loaf is divided up among all (cf. 1 Cor 10:17: »We all partake of the *one* bread«), so there is only one cup of diluted wine for the whole congregation (1 Cor 11:25; cf. Mk 14:23; Mt 26:27).

(3.8.3) The prayers of blessing and thanksgiving spoken over bread and wine – but also over other gifts which had been brought along and were to be distributed to those in need, such as oil – follow the Jewish tradition, as is proved by the thanksgiving prayers of the Didache (Did 9f.). They are the first Christian prayers of this kind we know. The authors of the New Testament all presuppose that it was known *what prayers* were spoken over the gifts at the meal (cf. Mk 6:41; Mk 14:22; Mk 8:6; 14:23; John 6:11,23; 1 Cor 10:16: »the cup ... that we bless«; 11:24).

(3.8.4) While the urban associations tended towards homogeneity, people of different status, origins and sex came together in Christian communities to celebrate the common meal, because it was basically true that »There is no longer Jew or Greek, there is no longer slave or free, there is no longer male and female; for all of you are one in Christ Jesus« (Gal 3:28). However, because the differences in social status and mentality continued to exist in the congregations, ethical problems arose which they attempted to solve by recourse to the core of their faith in Christ (cf. 1 Cor 11:17–34).

(3.8.5) We know little about the leadership of the first communal meals, even if Paul recognised hierarchies with respect to charismatic gifts (1 Cor 12:28; cf. 1 Th 5:12–13; Rom 12:8). Because charisms are gifts of God without regard to gender or position, it can be assumed that in the first generations of the Church (cf. Rom 16:1), and partly also later, women took on leadership functions (cf. Acts 16:14f.,40). Luke gives a glimpse of his own experience when, according to Lk 22:26, Jesus admonishes the apostles at the Last Supper: »The leader [must become] like one who serves« (cf. also Lk 12:41–48), or according to Acts 20:7–12, Paul breaks bread at the farewell supper in Troas, thus doing what church leaders were to do later. The Pastoral Epistles lead to the assumption that the bishops and elders also presided over the celebration of the Holy Communion/Eucharist, although there is no direct proof. The preaching of the Word of God, which plays an essential role in the Eucharistic celebration, is fundamentally the task of the »apostles and prophets« (Eph 3:5; 4:11), then of the »evangelists, pastors and teachers« (Eph 4:11) and of the bishops and elders (1 Tim 3:2; 4:12–16; 5:17).

(3.8.6) In 1 Cor 14:23–25, Paul assumes that the congregational assembly is open to »outsiders or unbelievers«. At the beginning of the second century, the Didache provides a clear regulation: »Let no one eat or drink of your Eucharist, except those baptised into the name of the Lord« (9:5; cf. Justin, 1 Apol. 66:1).

(3.9) The New Testament reveals a variety of ways of celebrating the ritual meal in remembrance of the risen and present Christ. This diversity results from the social and cultural contexts, which were also manifold. It can also be explained by different emphases. Such diversity does not conflict with New Testament testimonies which refer to the unity of the Holy Communion/Eucharist, a consequence of its foundation in Christ: »Because there is one bread, we who are many are one body, for we all partake of the one bread« (1 Cor 10:17).

(3.9.1) Paul does not indicate whether there is a specific regularity for the celebration of the communal meals (1 Cor 11:26: »as often as you eat this bread …«). But »the first day of every week« (cf. 1 Cor 16:2) soon became established as the day on which the meal was held – first of all as a meal on the evening ending the Sabbath day, and then on the evening of the »Sunday« (Acts 20:7–12; cf. Lk 24:29; Jn 20:19–26). Its designation as »Lord's Day« (Rev 1:10; Did 14:1; Ign. Magn. 9:1; Gos. Pet. 9 [35].12[50]) indicates that it was later enriched with the memory of the resurrection of Jesus »on the third day«. Thus the Sunday celebration particularly commemorates the resurrection of Jesus (Barn. 15:9: »Wherefore also we keep the eighth day for rejoicing«; Tert., Apol. 16:11: »we devote Sunday to rejoicing«).

(3.9.2) Although a Christian (Quartodeciman) Easter following the Jewish Passover is first referred to by Melito of Sardis (who died around 180 AD), it can be assumed that the Jews who believed in Jesus as Messiah continued to celebrate the feast, combining it with the commemoration of Jesus' death before the Passover. This tradition, which was important for the early history of Christianity, is a reminder that the Passover commemoration is the basis of all the liturgical activity of the Church.

(3.9.3) In the New Testament there are reports on Easter meals shared by the risen Christ with his followers (Lk 24; Acts 1:4; 10:41; Jn 20; 21), as well as on those which, in connection with his last supper, make reference to the future commemoration of his death and the expectation of his coming at the end of time (Mk 14:25; Mt 26:29; 1 Cor 11:26). In this way, different forms of the meal celebration can be recognised.

As in the Lucan understanding of the Lord's Supper, the Eucharistic prayers in Didache (Did 9f.) are also marked by the idea that life is given (cf. also Jn 6:35). These texts do not express a commemoration of the Passion. The same applies to the texts of John and of other apostles dating from the 2nd century (cf. 4.5).

The commemoration of the Passion will have had its original »setting« in the early Christian Passover celebrations (Mk 14:22–25 par.). A number of features characterise the Lord's Supper which Paul already described. These include the explicit reference to Jesus' death and his resurrection from the dead, the interpretation of his death and resurrection as an act of salvation determining the identity of the partaking community, the use of bread and wine as symbolic elements giving tangible representation to Jesus' passion and death, the commission to repeat such celebrations regularly, and the promise of renewed fellowship with the resurrected Christ at the end of time.

(3.9.4) It may be assumed that the baptism of converts culminated in their admission to the fellowship of the Lord's Supper. Although the New Testament points variously to the inner connection between baptism and Lord's Supper (cf. Acts 10:47–11:3; 16:14f.33f.; 1 Cor 10:1–4; 12–13; Heb 6:4f.), it still took some time before a Baptismal Eucharist developed (cf. Justin 1 Apol. 65; Acts Thom. etc.).

(3.10) The New Testament texts reveal a dynamic in the development early Christian worship. Even if the sources are fragmentary, these texts on the origin and interpretation of the Christian Holy Communion/Eucharist all refer to the one Christ-event from which the Church derives its life. The plurality of liturgical celebrations and their theological interpretations which was already evident in the New Testament is an essential component of its testimony. It was precisely this breadth which demonstrated the theological contours of the witness to Christ, to which the Church is committed. For the New Testament texts, this united witness to Christ in various ways is the criterion for an appropriate development of the forms of worship and the structure of the Christian Holy Communion/ Eucharist.

(3.10.1) One of the basic theological questions is: What distinguishes the ritual meal from an ordinary meal? Paul makes a fundamental distinction between the two (cf. 1 Cor 11:22,27–29), whereby according to 1 Cor 10:16 (»the cup of blessing that we bless«) he clarifies this difference by reference to the prayers of blessing and thanksgiving spoken over the bread and wine. In the oldest Eucharistic post-Communion prayer that we know, the Didache, it says: »We give thanks to you, holy Father, for your holy Name, which you have made to dwell in our hearts […]. Almighty Master, you have created all things for your Name's sake; food and drink you have given human beings for enjoyment, that they might give thanks to you; but to us you have graciously given spiritual food and drink, and life eternal through your Servant.« (Did 10:1–4). This thanksgiving encompasses both: (a) the preceding filling meal with the gifts of the Creator, for which the assembly has every reason to give thanks, (b) the Eucharistic food and drink, which differ from the ordinary meal in that they are thought to be pneumatic, spiritual and distributed »by Jesus«. The same terminology is already to be found in Paul (1 Cor 10:3f: »spiritual food« – »spiritual drink«), which proves how old it is. Paul may well have taken it from contemporary thanksgiving prayers. A model becomes apparent, in which spiritual goods (pneuma; »eternal life«) are imparted by the medium of material gifts (bread and wine), and this can later be related to the concept of »sacramentality«.

(3.10.2) Reference to »spiritual food« and »spiritual drink« (Did 10:3; 1 Cor 10:3f.) closely associates the meal topic with baptism (cf. 3.9.4 above). »[…] all passed through the sea, and all were baptised into Moses in the cloud and in the sea, and all ate the same spiritual food, and all drank the same spiritual drink. For they drank from the spiritual rock that followed them, and the rock was Christ« (1 Cor 10:1–4). It is the baptism with the Holy Spirit that leads to the meal fellowship with Christ (cf. also Acts 2:46, following the feast of Pentecost).

(3.10.3) The prayers of blessing and thanksgiving for the gifts during the whole meal were constitutive for the early Christian interpretation of the Eucharist, based on the spiritualised category of sacrifice already found in early Judaism (cf. Did 14:1; also V.2f., referring to Mal 1:11,14; cf. also Ps 141). The thanksgiving prayers of the Eucharist are »the sacrifice of praise« offered by the congregation (Heb 13:15).

(3.10.4) Reference to Jesus is fundamental for the »sacramental« meal (cf. Did 9:2,3; 10:2,3 »through Jesus, your servant«). Clearly, the ritual meal is historically embedded in its institution by Jesus. In 1 Cor 11:23f. Paul places the narrative in »the night when he was betrayed«, which distinguishes it from a timeless founding myth. The injunction »Do this in remembrance of me!« (1 Cor 11:24f; Lk 22:19) includes the memorial of Jesus into the celebration. Memory is always – biblically speaking – the re-presentation of what is remembered, in this case Jesus' salvific death. It is also noteworthy that according to the Gospels the fact that Jews and Gentiles were »eating together« in early Christian meal fellowships (cf. Gal 2:12) could be justified by Jesus' own practice of »eating together« with »tax collectors and sinners« (Lk 15:2; Acts 10:47f; cf. Mk 2:15–17). The memory of Jesus has the power to create identity.

(3.10.5) The ritual meal encompasses all temporal dimensions. In their »remembrance« the congregation is aware of the Lord's presence »at the table of the Lord« (1 Cor 10:21; cf. the expression »Lord's supper« 11:20, also 11:27). At the same time, it lives in expectation of his later coming (1 Cor 11:26; cf. Mk 14:25; Mt 26:29; Lk 22:16–18). The past is brought into the present, and this in turn is bathed in the light of future fulfilment. The oldest Christian prayer call, »Maránа thá – Our Lord, come!« (1 Cor 16:22; Rev 22:20; Did 10:6), is evidence that the meal's structure is based on hope. Its celebration »with glad hearts« (Acts 2:46) signifies consciousness for the life »between the times«.

(3.10.6) According to Paul, the communion expressed in the meal has two aspects which are inseparable: *communio* with the Lord and *communio with* one another. »The cup of blessing that we bless, is it not a sharing (κοινωνία/communicatio or participatio) in the blood of Christ? The bread that we break, is it not a sharing in the *body of Christ*? Because there is *one* bread, we who are many are *one body*, for we all partake of the *one* bread« (1 Cor 10:16f.). The sharing of Christ, who gave his blood and his body for us, is the foundation of the unity of the congregation; in the sharing of the *one* bread, the many do indeed become *one* body (cf. also Gal 3:28; Did 9:4).

(3.10.7) *Communio* with the Lord can be interpreted and accentuated in different ways. In the texts which serve the remembrance of Jesus' last meal, central Christological and soteriological concepts can be studied under a magnifying glass, as it were. We hear of Jesus' salvific death »for you« (1 Cor 11:24; Lk 22:19,20), »for many« (Mk 14:24; cf. Mk 10:45) or »for the life of the world« (Joh 6:51), meaning his vicarious death for the good of humanity (2 Cor 5:14f.). We hear of his blood »poured out for the forgiveness of sins« (Mt 26:28), meaning the sacrifice of his life for the atonement of sin. We hear of his death as the institution of a new covenant (Mk 14:24 par. Mt 26:28; 1 Cor 11:25 par. Lk 22:20). The stories of the fellowship meals after Easter naturally focus on fellowship with the risen Jesus (Lk 24:21;

Acts 10:41). The Eucharistic prayer in the Didache (Did 10:1–5) gives thanks for the gifts of salvation »knowledge, faith and immortality«, and in John 6 the Eucharistic food already promises »eternal life« and resurrection »on the last day« (v.53f.).

(3.10.8) According to 1 Cor 10:16f., by partaking in the meal – in the »cup of blessing« and the »one bread« – *communio* with the Lord is imparted to the participants, who at the same time establish *communio* with one another. Probably the most highly discussed and theologically controversial question that Christians have debated until recent times is this: what quality do the Eucharistic gifts of bread and wine have which enables them to impart *communio* with the Lord? The fact that they are to be distinguished from ordinary food and drink is clear, since they are traditionally designated »spiritual food« and »spiritual drink«. The dispute arises concerning Jesus' words at the offering, described in the meal narratives in a stylised form. To be precise, it is about the content of the Greek *estin* in the words spoken over the bread in Paul and Mark: »this [bread] *is* my body« (Mk 14:22 par. 1 Cor 11:24), and over the cup in Mark: »this [cup] *is* my blood of the covenant […]« (Mk 14:24). The allusion to Jesus' »blood« is inseparable from his death, the foundation of the new covenant symbolised by the cup he offered, and the same holds for the word »body«. To be sure, Jesus' use of the word »bread« could be expressed as: »This [sc. the broken bread] is I myself«. But probably the word »body« recalls Jesus' bodily self-offering through his death, (cf. Rom 7:4). The word spoken over the bread represents a promise *(promissio).* Jesus promises his people that he will be present with and for them after his death at the shared meal and will give himself to us. The way of thinking is that of *representatio*. In the meal bread and wine represent Jesus Christ. The giver is present in person in his gift. Thus the meal with its gifts is a representational symbol and pledge of the presence and closeness of Jesus Christ, who shares himself with us in this meal.

When the fourth gospel, at the offering of the bread, replaces the word »body« with that of the »flesh«, which is repeated above all in the Corpus Ignatianum (Ign. Phld. 4; Ign. Smyrn. 7,1) and Justin (1 Apol. 66), this does not forcibly imply an identification of the flesh and blood of Christ with the elements in material and substance, but shows that the materiality of the gifts is considered to indicate the real incarnation of the Logos.

(3.10.9) The *communio* with the Lord as the fundamental purpose of the meal cannot be separated from the simultaneous *communio* of those partaking. Here the social dimension of the meal practice comes into view, as well as the ethical aspect. The participants in the meal are obliged to obey the commandment of love, including the integration of those who are marginalised and the sinners (cf. Mk 2:15–17; Mt 9:9–13; Jn 13; Acts 2:42, etc.). It is therefore characteristic and typical for the Lord's Supper that it begins with the mutual confession of sin. In reference to Mt 6:23f, the Didache (14:1–3) stipulates that the participants be reconciled with one another before the meal. Paul speaks of the »divisions« between the wealthy and the poor Corinthians (1 Cor 11:18), that come to light at their communal meal, and reminds them that Jesus had given his life »for you« (1 Cor 11:24). Thus he makes it clear that the life-giving *communio* of the Lord with them, made tangible in the celebration, is the decisive yardstick for their *communio* with one another. Whoever only seeks his own advantage at the communal meal and shows »contempt … for those who have nothing« at table (1 Cor 11:22) is a traitor to the »Lord's Supper«. The treatment of one's neighbour determines whether the meal is conducted in a worthy or unworthy manner (1 Cor 11:27–29).

According to Tertullian (Tert., Apol. 39:7) outsiders say of Christians: »See how they love one another.« The love practised by the members of local congregations became their (propagated) hallmark. Their future was determined by the insight that the celebration of the Holy Communion/Eucharist is the source of social action.

(3.11) The diversity of testimonies to the meal celebrations in the New Testament, which form the biblical foundation for the celebration of the Holy Communion/Eucharist of the Church of Jesus Christ, lead to the following perspectives on the fellowship of all who are baptised at the Lord's Table:

(3.11.1) According to the testimony of the New Testament, communion with Jesus Christ, the Lord of the Church who died on the cross and was raised from the dead, binds all participants at the meal to one another and precludes all distinctions between them at the celebration.

(3.11.2) According to New Testament testimony, Jesus gives himself to his followers in bread and wine. No action of the Church, no liturgical forms and institutional rules, no differences in origin and tradition can and should stand in the way of this gift.

(3.11.3) The New Testament texts open up various possibilities for conducting the Holy Communion/Eucharist. Even regarding the question of who presides, it is not possible to derive a rule directly from the texts of the New Testament. The proclamation of the Word of God, the communion of all who bellieve in Jesus Christ, prayer and song, blessing and thanksgiving are the constitutive components of the Holy Communion/Eucharist which can be justified by New Testament tradition. According to the New Testament, the congregations carry out all these actions in the face of their Lord Jesus Christ.

(3.11.4) According to the testimony of the New Testament, the celebration of the Holy Communion/Eucharist is not an isolated act of the Christian community independent of its other essential functions, such as baptism, social care and mission, which make the one Church of Jesus Christ on earth recognisable. It is against this background that the Early Church made the close connection between baptism and the fellowship at the Lord's Table and emphasised the diaconal dimension of the liturgy.

4. *The increasing variety of forms of celebration in the course of history*

The form and content of the celebration of the Holy Communion/ Eucharist are closely related. In spite of all the variability in form, it is also possible to determine aspects that remained unchanged.

(4.1) Research on the history of liturgy in the 19th century assumed that there were originally standard liturgical forms in the apostolic period. It was only in the course of time that these had branched out into different traditions, channelled into the Eastern and Western liturgical families after the Constantinian shift. This thesis was called into question in the 20th century: it should not be assumed that there was original unity; the starting point should rather be original diversity, which in the course of the fourth and fifth centuries, thanks to the influence of the urban centres, became restricted to a moderate number of liturgical traditions within the five patriarchates. The unification was related to the development of dogmas. This thesis is still valid today, but should be modified on the basis of the increase in sources found and of numerous new studies, for example with regard to the central festivals in the church year.

(4.2) The draft of a unified liturgy corresponds to a thinking which regards a certain tradition, namely one's own, as the ultimate and uniquely true ecclesial expression of the Christian faith. Such views have existed both in Roman Catholicism and Protestantism, and sometimes still exist today. However, they have no objective justification. Awareness of the differing and partly contradictory traditions in the New Testament shows that it is inaccurate to assume that there was uniformity. As far as the traditions of the Lord's Supper are concerned, the differences between Paul, the synoptic Gospels and the Gospel of John cannot be harmonised.

(4.3) The New Testament scriptures do not reveal a complete picture of the meal celebrations of the first Christians; if one also pays attention to early Christian writings outside the New Testament, a colourful variety of meal traditions emerges, some of which deviate considerably from the relative consensus that emerged in the fourth and fifth centuries. Different rites and customs derived from early Jewish and Hellenistic-Roman practices obviously came into play. It is also not feasible to uphold the notion of a continuity of Eucharistic prayer from apostolic times down to the fixation of traditions. It may be assumed that there is no evidence before the fourth century for the basic form of the Eucharistic prayers with the three-fold elements of thanksgiving, anamnesis and epiclesis. The main reason for this is that the most important source documenting this complex prayer structure, the so-called »Apostolic Tradition«, can no longer be definitely held to date from the third century as was formerly believed, but has to be regarded as a collection of various and heterogeneous developments.

(4.4) A wide range of forms of prayer, rites and the celebration as a whole existed in the first centuries as a result of various factors. First and foremost were the social causes, including the different cultural backgrounds of certain groups in the population and their concrete living conditions. Social, cultural and religious factors as well as the concrete living conditions of the Christian communities contributed to this. Social problems arising from the celebration of the Lord's Supper during a filling meal were already a topic in 1 Corinthians, and represent the very reason why Paul provided information on liturgical customs in the Corinthian congregation. Originally, it was symposia based on Hellenistic-Roman models and forms taken from Jewish communities that provided the pattern for the meal celebrations of the early Christians, but as the congregations grew, encompassing different social classes and regions, further, church-specific developments emerged. For the formation of the various traditions it was important to decide whether, and in what way, forms of Jewish religious life were to be continued in the context of Gentile Christians; the effects of the incipient separation of the Christian groups from the synagogue communities also had to be considered.

(4.5) Outside the sphere of influence of the Roman Empire, which was shaped by Hellenistic culture, independent traditions were able to develop, as can be seen, for example, in the apocryphal Acts of Thomas. The Eucharistic meals described here differ considerably from what had long been regarded as normative, as seen particularly in the First Apology of Justin. Against this background, it is necessary to reinterpret this source, which had often been regarded as the first testimony to the Mass consisting of the celebration of the Word and the Eucharist. The central prayer element in the Eucharistic celebrations mentioned in the apocryphal Acts of the Apostles are usually epicleses in the form of a litany, calling for the coming of Christ or of the Spirit. Here, as in the Didache, there is no explicit reference to the paschal mystery. This archaic form of invocation of the Spirit to come and rest on the gifts is intensified in the Eastern Church tradition, for example in the Anaphora of the Apostles Addai and Mari, which still exists today. This tradition of Eucharistic prayer, meanwhile recognised by the Roman Catholic Church, does not include Verba Testamenti, but only an indirect reference to the institution by Jesus Christ.

(4.6) In awareness of the diversity revealed by the study of liturgical history, the Roman Catholic Church has recently relativised a dogmatic stipulation that had been valid since the Council of Florence: the necessity of pronouncing explicitly Jesus Christ's words, as quoted in the Bible, at the institution of the meal celebration in his memory. This revision could result in the recovery of the equanimity to which Augustine testifies. In a letter to a certain Bishop Januarius, he was able to speak of the legitimate diversity of *variatio per loca,* which had to be respected. He names surprisingly few constitutive elements to be observed at all costs. It should also be borne in mind that the Roman Church has made a great number of concessions in negotiations on union with Oriental churches, for example in recognising married priests or the use of leavened bread. On the eve of the Reformation, Italian humanists enthusiastically reported on the variety of rites in the Church of the Holy Sepulchre in Jerusalem (Libellus ad Leonem X). Admittedly, the question of the ministry as such was never seriously discussed again after the Constantinian shift and the consolidation and professionalisation of ministerial structures. In order to understand and correctly represent the tense relationship between the general/common priesthood of all believers and the special ordained ministry, it is necessary to recall the early Christian traditions without projecting onto the first centuries theological positions on the ministry which were formulated later. In Late Antiquity, the ministry of bishops and presbyters was declared sacerdotal. In this connection, priestly activity was reinterpreted as the offering of a sacrifice at the Mass, so that the ancient understanding of a general priesthood of all who had been baptised, meaning a spiritual ministry as disciples of Jesus Christ, sunk largely into oblivion.

(4.7) Even after the formation of different denominations, a range of different types of celebration continued to exist within the Roman Catholic Church. Like the oriental rites, the Western rite was never uniform. In addition to the Roman Rite, the Milanese and parts of the Mozarabic Rite survived, and even within the Roman Rite numerous dialects of old diocesan rites persisted until the 19th century. Some rites practised by religious orders remained even after the attempts at unity in the 19th century. On the other hand, the liturgical reform after the Second Vatican Council represented a standardisation, although it left room for adaptation to the respective national language.

(4.8) Given this background of historical diversity in the different traditions of Holy Communion/Eucharist in Western ecumenism, it is necessary to bid farewell to the idea that the full content of the institution by Jesus Christ could be celebrated in a single form. This means, however, that one can recognise and accept in other traditions components that are not to be found in one's own tradition. With regard to the Eastern Churches, the complementarity of liturgical celebrations is acknowledged. With regard to the tendencies towards normative unification, it is to be observed that specifications and restrictions have always provoked counter-reactions. The history of the occidental liturgy is a history of liturgical reforms marked by the tension between pluriformity and unification.

One can well imagine that there were all kinds of elements in the liturgical life of a medieval city. Alongside the official Eucharistic liturgy, which was fairly well established in its essence, the spirituality of groups and individuals was expressed in a variety of ways, reflecting a diversity that existed in spite of relative uniformity at the key points. The problematic development of the Eucharist into a private celebration by the priest, resulting in a separation of the Sacrifice of the Mass from the Sacrament of Communion, led to a variety of forms of Eucharistic piety which were and still are expressions of lively spirituality, despite some questionable features. Apart from the various forms of devotional worship, one should mention here the independent offering of the chalice to believers, the origin of the liturgy of Holy Communion in Upper Germany and present-day Switzerland, while mainstream Lutheran liturgies tended towards the basic form of the Mass. As the canonical prayers were adapted and later deleted, a strong emphasis was laid on the words of institution and the distribution of bread and wine. The lengthy Communion admonitions in Lutheran and Reformed liturgies offered interpretations of the Holy Communion with differing nuances, but they nonetheless had a strong influence on the service by connecting the confession of sins closely with Good Friday theology. Modern-day Protestant liturgies show a variety of elements, but still hark back recognisably to the basic forms of the Mass and the Liturgy of the Word (including a service of communion); at the same time – not least thanks to the reintroduction of the Holy Communion prayers – they demonstrate a strong ecumenical convergence.

(4.9) The liturgical reforms of the Reformation period in their various denominational manifestations already belonged to a tradition of diverse forms of worship – a diversity reaching back to the apostolic period. By bidding farewell to an ideal of unity in the sense of uniformity, which was always wishful thinking, one can see the positive side of the differences, and occasionally even contradictions, of the various traditions and conventions. Diversity is then no longer forms a threat, but can be experienced as richness. This entails the acceptance of the otherness of the others, because they have a common understanding of the theological meaning of the Holy Communion instituted by Jesus, and the refusal to give absolute validity to one's own tradition. Just as the historical schism of Christianity into an Eastern and a Western Christendom is meanwhile regarded as part of the basic form of the present-day church – analogous to breathing with two lungs, as it were – so there is increasing acceptance of the relationship between the different traditions within Western Christianity. If one leaves aside the classical prejudices against the respective other denomination, one will recognise and accept the qualities of these testimonies without having to adopt them and abandon one's own identity. To be sure, such an attitude will certainly affect one's own self-understanding and liturgical practice.

5. *Ecumenical insights into the theology of the Holy Communion/ Eucharist*

5.1 Decisions and divisions in the 16th Century

(5.1.1) Already in the early Middle Ages, theologians were undecided how to reconcile Augustine's interpretation of the Lord's Supper as a predominantly symbolic event, close to Plato's theory of ideas and imitations, with Gregory the Great's strong emphasis on the real presence of Christ in the Eucharist. The disputes took a new turn in the 11th century when the theologian Berengar of Tours tried to explain what happens at Holy Communion with Aristotelian terminology, considering it philosophically unthinkable that by transformation of the substance the elements would take on the presence of Christ. The reform popes forced him to write a declaration acknowledging the real presence of Christ in the elements. In this first declaration, signed by Berengar in 1059, the symbolism came up against a problematic formulation of realism. This was not satisfactory, and Berengar also was not prepared to give way theologically. Later – in the year 1079 – he made a further confession of faith, because the discussion had resulted in a linguistic version – later explicitly approved by Luther – offering the possibility of recognising the real bodily presence of Christ in the elements. This second declaration used the expression of »substantial change« (not yet transubstantiation), thus overcoming the aporias of the opposition between symbolism and realism. With the change in philosophical thought forms and concepts, reflection on sacramental theology was placed on a new level.

(5.1.2) The dispute had started with Aristotelian philosophy, and this led indirectly to its inclusion in the formation of official church doctrine. In 1215 the Fourth Lateran Council used the verb *transsubstantiare* to describe the presence in the elements. Thomas Aquinas in particular then developed a comprehensive doctrine of transubstantiation, which he expressly regarded as a complex description of an ultimately supernatural process: Christ is not confined to or spatially contained within the Eucharistic elements, but present in a sacramental way, intended to bring humans to live a life out of grace (S.th. III q. 79 a. 1). The presence of Christ occurs as the sacrament represents what happened on the cross (S.th. III q. 73 a. 5 resp.), so that it is neither identical with nor a repetition of that event, but a reactualisation in which, according to medieval understanding, the priest plays a central role. This re-presentation is the culmination of a two-fold movement in the meaning of the crucifixion, for God offers himself to humanity and fulfils at the same time the sacrifice on the cross once and for all. This is not an Aristotelian reinterpretation of theology. From an Aristotelian point of view, it is inconceivable that substance and accidents should be separated, as they are supposed to do in the case of the Eucharist. For this reason, his contemporaries already took exception to the transubstantiation theory advanced by Thomas Aquinas, among others the Dominicans Dietrich von Freiberg and Heinrich von Gent. In the period that followed, the discussion became even more complex. For example, William of Ockham was unable to find any plausible objective reasons for the doctrine of transubstantiation, but felt obliged by the church doctrine to advocate it.

(5.1.3) The criticism in the Reformation was principally levelled at the concept of sacrifice, in particular in connection with masses carried out by the priest alone without any communicants partaking, motivated by the hope of God's special care for the donors of such masses. Luther understood this as a disregard of the power of salvation and justification deriving exclusively from God; for his part, he developed a theology of the Holy Communion focussed exclusively on Christ's self-giving, reaching its objective in the faith of the communicants. According to the doctrine of Wittenberg, the meaning and effect of the celebration of Holy Communion are dependent on the proclamation of the words of institution. The meal celebration shall be incumbent upon ministers duly appointed for this purpose (rite vocatus) (cf. CA XIV [BSLK 109,11f]). In their confutation, the papal theologians commissioned in Augsburg to examine the Confessio Augustana explicitly confirmed this opinion, but they insisted that such an appointment be made in accordance with the appropriate canonical law (Confutatio Ed. Immenkötter 112,1f; 113,1). The Apology of the CA did not reject this outright, but repeated a fundamental affirmation of the *politia Ecclesiastica* of church law, assigning responsibility in the dispute to the bishops who did not permit reformatory doctrine (BSLK 518–521). It even opened up the possibility of designating ordination a sacrament with strict reference to the proclamation of the Gospel (BSLK 514f).

(5.1.4) Luther indeed emphasised the priority of spiritual feeding in the Holy Communion, but always defended the real presence »in, with and under« the elements (as summarised in the Formula of

Concord/Solid Declaration VII [BSLK 1468,22]). He disputed the doctrine of transubstantiation in particular by arguing that with this idea Aristotelian presuppositions had been introduced into the formation of ecclesiastical doctrine and regarded as binding. On the other hand, he fully shared the intention behind this doctrine, namely the connection between the presence of Christ and the elements. Therefore it was possible to make the direct link to the texts of Lateran IV when stating in CA X that »the Body and Blood of Christ are truly present under the form of bread and wine ... in the Lord's Supper« (BSLK 104,9), which is why the confutators had no difficulty in recognising this Lutheran doctrine in principle; they simply demanded that the Reformers recognise the doctrine of concomitance, according to which Christ could also be entirely present in one of the elements alone. As the Smalcald Articles show (ASm III; BSLK 766,24–768,8), this also posed no problems. Nevertheless, refraining from the cup communion was criticised because it did not correspond to Jesus' institution of the Holy Communion.

(5.1.5) However, in the 16th century controversies already arose between Protestants. Luther vehemently defended the real presence of Jesus Christ in the Holy Communion against Andreas Karlstadt and Ulrich Zwingli. In contrast to him, Zwingli had practically turned the dynamics of Holy Communion into the opposite; he regarded Holy Communion as a pure act of testimony and confession on the part of believers and interpreted the presence of Christ as a memorial in bread and wine worked by the Spirit. In the Marburg Colloquy the two of them were unable to reach an agreement on this matter. In the Wittenberg Concord of 1536, the moderate position of the Strasbourg reformer Martin Bucer, according to which Christ was present not locally in the bread but »by means of sacramental union«, was then recognised as a legitimate interpretation of the Confessio Augustana. But this did not lead to a lasting agreement. In the course of the Reformation, theological positions mingled with confessional points of view. The Reformed and Anglican sides expressed fundamental objections to the understanding of the Eucharist in the old faith. Both in the Heidelberg Catechism (question 78) and in the thirty-nine religious articles (article 28) the doctrine of transubstantiation is rejected in clear words.

(5.1.6) John Calvin made an explicit effort to take up the concerns described with the aim of reaching and further developing an understanding on the doctrine of Holy Communion within the Reformation. For him, Holy Communion was to be comprehended as an external sign, attaching the self-giving of Christ, who is present in a spiritual way, to the faithful devotion to God. However, as the denominations crystallised out, the controversies prevented the greater part of emerging Lutheranism from taking an interest in the common concern. Until the Leuenberg Agreement of 16 March 1973, Lutherans and Reformed were divided regarding the bond of Christ's presence with the elements. But then they were able to reach agreement on a sentence focussing on Christ as a gift: »In the Lord's Supper the risen Jesus Christ imparts himself in his body and blood, given up for all, through his word of promise with bread and wine. » (Leuenberg Agreement, No. 18).

(5.1.7) The Council of Trent adhered in principle to the doctrine of the Eucharist as it had been formulated in medieval theology. The Eucharistic Decree (cf. Decretum de sanctissimo eucharistiae sacramento, Caput 4, Canon 2) confirmed the real presence of Christ under the species of bread and wine on the basis of the doctrine of transubstantiation formulated at the Fourth Lateran Council. However, it did not categorically exclude a conceptually different interpretation of the events at the Lord's Supper, for it designated the concept of transubstantiation as *aptissime* (suitable and proper) to describe this mystery of faith, thus keeping this concept open for future theological reflection.

With regard to the doctrine of the sacrifice of the Mass, which had not been conclusively clarified in medieval theology, the Council responded to the harsh criticism of the reformers in this question (cf. Doctrina de sanctissimo missae sacrificio, Caput 1) by specifying that the Mass is not a repetition of Christ's unique sacrifice on the cross, but rather a *memoria* (remembrance), *repraesentatio* (representation) and *applicatio* (application) – understood as a sacrifice of propitiation through which we »receive mercy and find grace to help in time of need (Heb 4:16)«. This theological clarification of the relationship between the sacrifice of the cross and the sacrifice of the Mass is of fundamental importance for ecumenical dialogue. The Council declared the liturgical practice of celebrating masses in which only the priest communicates to be legitimate. At the same time it considered it permissible that communicants should partake in both bread and wine, a point of great importance to the reformers. It simply provided detailed theological justification of the doctrine that the reception of the Eucharist under both species was not prescribed by a divine commandment, but that the consecrated host contained the whole Christ. Following the Council, the Pope conceded the reception of communion under both species for Austria and Bavaria, but this was later revoked for reasons of denominational policy.

5.2 Where do we stand today? Doctrinal differences and convergences

(5.2.1) Certain differences in the celebration and theological understanding of the Holy Communion can be traced back to the beginnings of the Church. They can be a legitimate sign of the lively diversity of faith and worship. In the vast majority of cases in which they led to the suspension of communion fellowship, other disagreements and related conflicts also played a role.

(5.2.2) The condemnations connected with the divisions of the Church in the 16th century also hat a crucial effect on the theological understanding of the Eucharistic celebration. The question of the presence of Christ in the meal proved to have controversial consequences at that time. The Protestant side rejected the idea of a transformation of bread and wine in the sense of the doctrine of transubstantiation, the sacrificial character of the Roman Catholic Mass, the Eucharistic devotion associated with it and the denial of the cup to the laity. For their part, the Catholics insisted on their opinions, and in the course of time – partly influenced by the debates on Anglican ordinations – denied the validity of the Protestant celebration with increasing clarity. Controversies on the interpretation of Holy Communion among Protestants led to the separation between Lutherans and Reformed. Luther and the Lutherans upheld the real presence of Christ over against Zwingli, who interpreted the presence of Christ in bread and wine purely in the sense of anamnesis, and subsequently distanced themselves from Calvin as well, being unable to follow his attempt to go beyond Zwingli and consider the presence of Christ as a spiritual work.

(5.2.3) The ecumenical discussions on the Holy Communion/Eucharist, conducted with great intensity especially in the second half of the 20th century, have led to a multitude of remarkable rapprochements and agreements. This was preconditioned by efforts to reform the Eucharistic liturgy after the arguments of the Liturgical Movement had been adopted by the Second Vatican Council. Catholics and Lutherans, Catholics and Reformed, Anglicans and Lutherans, Lutherans and Reformed trod paths of understanding in bilateral dialogues, while multilateral conversations took place with the Orthodox churches; the Commission for Faith and Order had particular responsibility for the discussions on the Eucharist *(Lima Document)*. After centuries of separation, Lutherans and Reformed found their way to sacramental fellowship *(Leuenberg Agreement, Formula of Agreement, Amman Declaration)*. The discussions between Anglicans, Lutherans and Reformed enabled concrete agreements to be made on the reciprocal table fellowship *(Meissen, Reuilly and Porvoo declarations)*.

(5.2.4) Such examples show that Eucharistic fellowship is possible if it is seriously desired. Its realisation presupposes patient clarification and overcoming of the obstacles standing in its way. It requires the exposition of a common view of the Holy Communion and of remaining differences which are nonetheless regarded as acceptable. Differences in the doctrines of Holy Communion and its liturgical practice must be taken into consideration, as must the interrelationship between the ministry of the celebration and the understanding of the ecclesiastical ministry, as well as the respective regulations of church law for admission to Holy Communion.

5.3 Reasons for the rapprochements in the doctrine of the Holy Communion/Eucharist

(5.3.1) Many factors have contributed to the significant rapprochements between positions in Reformation and Roman Catholic theology in the doctrine of the Holy Communion/ Eucharist up to now. The way this issue is dealt with represents a seismograph of the state of the ecumenical movement. In several cases, all the Christian traditions have signed commitments linking the common goal, the achievement of the visible unity of the churches, with the criterion of Holy Communion/Eucharist fellowship. In spite of considerable resistance and seemingly insurmountable obstacles, this concern remains constantly on the ecumenical agenda, because communion at the Lord's Table is desired as a spiritual experience addressing the theological content of the Lord's Supper, fellowship with Christ and with one another.

According to the Gospel of John, Jesus, in his farewell discourse shortly before his death, asks for the unity of those who believe in him, so that the world may also believe that God sent him (cf. Jn 17:20f). Ecumenism follows a divine call to unity which corresponds to the unity of Christ with the Father (ut omnes unum sint).

(5.3.2) Basic questions of ecumenical hermeneutics, which underwent significant changes in the 20th century, had an impact on the treatment of the topic of the Holy Communion/Eucharist. While theological controversies since the 16th century had paid particular attention to the differences in the doctrines, the ecumenical movement gave priority from the outset to what the denominations have in common, namely: the common confession of Jesus Christ; the faithful certainty of being chosen by God and called to proclaim the gospel; the eschatological expectation of fullness of life in the kingdom of God; the conviction of the joint commission to the churches to go out in mission.

(5.3.3) The ecumenical convergences that have now been achieved are mainly the result of the common willingness to listen to the exegesis of the biblical scriptures. The Second Vatican Council instructed dogmatic theology to take up biblical themes first of all (cf. Optatam totius, no. 16). The Reformation churches have always regarded the testimony of the biblical scriptures as the decisive criterion in the formation of doctrine. In concrete exegetical study according to scientific premises, it becomes clear that it is by no means easy to find the reasons for the old theological controversies in scriptural texts. Varying methodical approaches in exegesis – apart from confessional differences – lead to theological interpretations which are not always compatible when considering the biblical traditions of the way Jesus himself, or later the local congregations of his followers, conducted the meal fellowship. The Old Testament motifs in the biblical tradition of the Lord's Supper (covenant, Passover, propitiation) also give rise to differences in interpretation which are not necessarily denominationally based. The close cooperation between the confessions in the discipline of biblical exegesis today has clearly contributed to a mitigation of their controversies.

(5.3.4) Differentiated historical research has contributed significantly to the fact that we now have better and more precise knowledge of the various historical contexts in which positions were adopted regarding the Holy Communion/Eucharist. Both Protestant and Roman Catholic research examine jointly the great changes that have been observed both in the practice as well as in the teaching on the Holy Communion/Eucharist. In the ecumenical discussions it became evident that every kind of understanding of the Holy Communion/Eucharist handed down in history is an interpretation of an original event which can only be accessed under certain preconditions. Social circumstances, local peculiarities, outstanding personalities and controversial theological distinctions have greatly contributed to a process of differentiation in the shaping of the Eucharistic liturgy. From this point of view, it remains an open question whether it is advisable to stop this process of differentiation and to find a unitary form with which all denominations can celebrate the Holy Communion/Eucharist together. The Lima liturgy represents a widely acclaimed attempt to reconcile the confessional liturgical traditions in such a way.

(5.3.5) Particular attention has been paid in ecumenism to the perception that the references to philosophy which were employed to describe the confession of the true and real presence of Jesus Christ in the meal have changed in the course of history. Whereas in ancient times it was still possible to use the Platonic concept of ideas and imitations in order to recognise the true presence of Jesus Christ *(veritas)* in the sign *(signum)*, these notions that were originally compatible developed in different directions. In ecumenism nowadays it can be noted with appreciation that scholastic theologians – headed by Thomas Aquinas – attempted, by reference to Aristotelian philosophy, to avoid the extreme positions of symbolism (Jesus Christ's presence only comes to those who consciously recognise it) and realism (Jesus Christ is »carnally« present). The ecumenical dialogues were able to uncover misunderstandings – for example, Martin Luther's assumption that Thomas Aquinas taught that the presence of Jesus Christ in the meal was to be grasped locally, detached from its orientation towards reception. Today the ecumenical partners are searching together for philosophical concepts helping people who wish to gain access to the very demanding confession of the true presence of Jesus Christ in the sign of the Holy Communion/Eucharist. In this respect, the common recourse to concepts of a so-called relational ontology proved to be helpful, according to which the nature of the gifts is transformed by the faithful verbal reference to the origin of the institution in the fate of Jesus Christ. This by no means exhausts the potential of current philosophical approaches to enable the interpretation of the complexity and multidimensionality of the event. One might mention here, for example, the phenomenological discourse on the gifts, analytical linguistic studies on performative speech, and modern approaches to sign theory.

(5.3.6) In today's ecumenical hermeneutics, it is important to keep pastoral practice in mind. Many believers in Christian parishes – especially those living in interdenominational marriages – have hardly any understanding for sophisticated theological arguments preventing the family from expressing their common Christian conviction by celebrating the Holy Communion/Eucharist together. The perception of the voices of believing people is important for ecumenical theology and should be granted a hearing as an expression of the sensus fidelium. This also applies to the priorities set by the believers. The greatest weight is given to a common understanding of the content of the Eucharistic celebration, while the question of specific liturgical forms and appropriate leadership ministry at the service are of lesser importance.

5.4 What can we say jointly?

(5.4.1) The crucified, risen and exalted Jesus Christ invites us to the meal, we are his companions at table. His invitation transcends and embraces the confessional boundaries and demarcations that stand in the way of the visible unity of Christianity. More than that, from an eschatological perspective, the image of the heavenly wedding banquet goes far beyond the boundaries of Christianity, extending to the whole of humanity, even the universe (cf. Is 25:6; Mk 14:25; Col 1:15–20; Rev 19:9; 21:24ff.) – »ecumenically« in the true sense of the word. Against this background, this invitation is also the fundamental reason for every single step of Christian ecumenism. Wherever Catholics, Orthodox, Lutherans, Reformed, Anglicans, Baptists, Methodists are gathered in his name, Christ wishes to fulfil his promise to be in their midst. They are and will be united in Christ through faith and baptism (cf. Eph 4:5), long before they have reached agreement on the concrete forms of their unity and their working together.

(5.4.2) Jesus Christ imparts himself to us in his body and blood, given up for all, through his word of promise with bread and wine (cf. Leuenberg Agreement 15,18). The controversies concerning the presence of the Lord at the meal celebration may be overcome, or at least restricted in their church divisiveness, as long as one understands Christ, who has issued the invitation and bestows his personal presence as a gift, as the acting subject of the meal, subordinating the question of how Christ is sacramentally present to this point of view. If the force of Christ's personal self-representation is placed in the foreground, it becomes evident that his presence embraces the whole meal event (personal presence), and that he thus gives himself to us with bread and wine.

(5.4.3) The Holy Communion/Eucharist is a fellowship meal and provides fellowship *(koinonia)*. By giving himself to us with bread and wine, Christ forgives us our sins and frees us to a new life of faith. By uniting himself with us in fellowship, he unites us with the members of the local congregation and in the *una sancta ecclesia* with his *communio sanctorum*. The reality of fellowship, which comes to pass through the meal, is preceded by the confession of guilt and the promise of the grace of forgiveness.

(5.4.4) The celebration of the meal is linked to the physical presence of the communicants. The word and the meal belong together inseparably. Participation in the meal presupposes insight into the meaning of the action, the centre of which is communion with Christ. In Western tradition, children are welcomed to the Eucharistic meal as soon as they know how to distinguish between a mere filling meal and the sacramental Lord's Supper.

(5.4.5) The Holy Communion/Eucharist should be celebrated regularly at Sunday services. The celebration is to be led by an ordained person. It should be a general rule that those celebrating the meal communicate with bread and wine. The worthy disposal of the elements that are left over must be ensured.

(5.4.6) Now that Roman Catholicism strongly emphasises the uniqueness of Christ's sacrifice on the cross and sees the meal as a re-presentation of the event of the cross, controversies about the sacrificial aspect have receded into the background. The sacrifice of Christ can be seen in the tradition of the Paschal Lamb as the »Paschal Mystery of Christ«. The strong Christocentric and staurocentric character of this expression leaves no scope for the idea that Christ is offered as a »Sacrifice of the Mass«. Therefore it remains questionable when turns of phrase are used which intend to preserve the idea of sacrifice by understanding the Eucharist as a sacrifice of praise offered by the Church on behalf of the world, or even see the sacrifice of the life of Jesus Christ as a sacrifice of the Church, unless it is sufficiently clear that here Christ as head of the Church is and remains the subject of the sacrifice. Against this background, the still controversial reference to the »sacrifice of the Church« in connection with the memorial celebration of the death and resurrection of Jesus Christ is only meaningful when recalling the appeal formulated by Paul that all who are baptised should present themselves by the mercies of God as a holy and acceptable sacrifice (cf. Rom 12:1). By offering their own life as a gift of love, Christians follow their crucified and risen Lord.

5.5 Weighting of thanksgiving, anamnesis and epiclesis

(5.5.1) Thanksgiving, remembrance and invocation of the Holy Spirit are constitutive features of the meal. In thanksgiving *(eucharistia)*, the celebrants look upon God's wonderful deeds and praise him as their creator, reconciler and redeemer. In the remembrance *(anamnesis)*, they recall in the power of the Spirit how Jesus Christ gave himself for them on the cross, and what he did for them in his vicarious suffering and death and gives them at the Lord's Table. In invoking the Holy Spirit *(epiclesis)*, they ask the Spirit to come and give them assurance of the presence of Christ at the meal, renew the worshippers and send them into the world as God's children.

(5.5.2) Today, the Reformation and Roman Catholic doctrinal traditions agree that praise and thanksgiving for God's action in Jesus Christ are an important element of the celebration of the Holy Communion/Eucharist. Thanks and praise are closely linked in biblical tradition. Early liturgical sources (for example, the Didache) understood the meal altogether as a gift of thanks to God. The talk of the people's sacrifice of praise and thanksgiving is supposed to emphasise that creatures owe God the faithful acknowledgement of his great deeds for the redemption of his creation. In the traditional concept of the Eucharist, which was preserved in the Roman Catholic tradition and made a reappearance in the reformatory churches in the recent past, the idea that God's action in creation takes precedence over any response by humankind is expressed in words in an appropriate manner.

(5.5.3) Human thankfulness to God occurs by remembrance (anamnesis) of his working in Jesus Christ: in his life, death and resurrection. Christian ecumenism considers the interpretation of Jesus' fateful death as a common challenge with regard to its soteriological relevance. The basic interpretation of the Christ-event for salvation is undisputed. All Christian denominational families strive to describe the memory of Jesus Christ's offering of life by his death for us as an event which redeemed us from perdition as the consequence of sin, which would have led creation to final death, if God had not decided otherwise. The Christ-event reveals that God cares for the lives of sinners. In the meal, the Christian Church celebrates God's decision to redeem humanity from sin and death by means of the earthly human life of Jesus of Nazareth. The broken bread passed around the table and the proffered cup of wine are symbols of God's steadfast faithfulness to his people, revealed in the death of Jesus Christ. By interpreting the broken bread as his broken body and the cup that he offered as the blood he shed, Jesus created a symbolic act expressing the fact that God will not be hindered by human beings from continuing in his love.

(5.5.4) The invocation of the Spirit of God in the Eucharistic event has a long tradition in the liturgies of the churches. In Eastern Christianity, the memory of the work of the Spirit of God is particularly highly valued. At the meal, God's Spirit sanctifies the gifts and the congregation that has gathered, which also promises in worship to serve the living memory of God's reconciling action in Jesus Christ. From an ecumenical perspective, the recollection of the epicletic dimension of the celebration of Holy Communion/ Eucharist is also important, because it makes it clear that it is not people who bring about the presence of Jesus Christ in the Holy Communion, but that rather God himself in the Holy Spirit grants his presence to those who ask him for it.

The idea that the Lord is present at the Eucharistic meal is already to be found in ancient sources. Above all in the East, the invocations of the personal presence (maranatha) developed into the request for the coming of the Spirit of God, now linked to the anamnesis of the death and resurrection of Christ. In most Eucharistic prayers of the early Church in East and West, the so-called special anamnesis after the words of institution is assigned as a participle (*memores* – commemorating) to the offering that follows (*offerimus* – let us bring). This is naturally not the Church's own work, since it has nothing to offer other than the natural gifts of bread and wine, which had always been provided by God. But it places them in the presence of God, so that he may return them to the believers, now as gifts sanctified by God's Spirit. That is why the Eastern Churches ask the Spirit to come down and work. Even without explicitly mentioning the Spirit, the Roman canon follows the same structure, although it was no longer recognised in the course of the history of theology. Consequently, the new Eucharistic prayers of the Roman Catholic liturgy, originally one request for the sanctification of both the gifts and the congregation by the participation in the meal, are now divided into two: an epiclesis of transformation before the words of institution and a communion epiclesis after them. In any case, however, the liturgical reform has made it clearer that it is not the Church, but God himself who works salvation through his Spirit. In the Holy Communion prayers of today's Protestant service orders, the two epicleses are spoken together after the anamnesis, as in the Eastern Church model.

5.6 The ecumenical significance of different forms of celebration

(5.6.1) In all denominations the liturgical forms of celebration of the Holy Communion/Eucharist have regional characteristics in varying degrees. There are different hymns in the local languages; specific forms of expression, such as dance, are usual in some cultures and not in others. The variations in Holy Communion services in Reformation churches are generally greater than those in the Roman Catholic Eucharist. Thus there is a globally binding order for the biblical readings in the whole of the Roman Catholic Church; orders for the regular scripture readings also exist in the Reformation churches, but they have a lesser degree of binding force. The readiness to confess one's sin and to pray for forgiveness is an integral part of all denominational liturgies, albeit in different forms. The same applies to the memorial of the institution of the Holy Communion/Eucharist by Jesus Christ, to the prayers (usually Sanctus and the Lord's Prayer), to the creed and the benediction. In spite of all the differences in the external details, the prevailing impression is that essential liturgical elements of Holy Communion and Eucharist are identical.

(5.6.2) Certain formal aspects of Holy Communion/Eucharist, starting in the 16th century and continuing to this day, are regarded as specifically denominational, often causing considerable offence and leading to separations. These include (a) the question of celebrating the Eucharistic meal with bread and wine for all participants as it was instituted, not only for priests and a few believers; (b) the issue as to how long the presence of Jesus Christ remains in, with and under the gifts; (c) the salvific significance of the celebration in the memory of the fellowship with the deceased members of the congregation. In the three areas mentioned above, many ecumenical conversations over the past decades have led to understandings which should be given more attention in liturgical practice: (on a) There are no obstacles in the Roman Catholic dogmatic tradition preventing the celebration of the Eucharistic meal in the way it was instituted, with bread and wine in the congregation. The reservation of the chalice communion for the priest, which developed for various reasons in the early and high Middle Ages, can only be explained in the context of the general decline in the frequency of communion and did not justify a practice that has to be maintained from a dogmatic point of view. The chalice communion for all participants is therefore fundamentally possible and currently desirable from the position of church law and liturgical theology. (on b) The promise of the presence of Jesus Christ in the meal is valid as long as the connection between the words of institution and the symbolic distribution of bread and wine is still recognisable. The primary purpose of saving the consecrated gifts for the Communion of the Sick, already practised by the early Church, should always be kept in mind. (on c) The celebrations of the Holy Communion/Eucharist have eschatological significance; they take place in communion with the living and the dead.

(5.6.3) What significance do such reflections on the denominational celebrations of the Holy Communion/Eucharist have for ecumenism? They begin with the present experience of the liturgies of the faithful in the local churches. They perceive that there are traditions that do not always stand up to theological examination and therefore require reform. They try to understand and appreciate the different forms of celebration as specific expressions of the theological content of the Lord's Supper. They contribute to the effort to discover the spiritual meaning of the Holy Communion/Eucharist by means of faith experience. If an agreement on fellowship in the Holy Communion/Eucharist is reached between the churches, the question urgently arises as to the liturgical order which is acceptable, given the diversity of traditions.

5.7 The celebration of the meal seen from the other's point of view

(5.7.1) The Second Vatican Council's Decree on Ecumenism, Unitatis Redintegratio (UR), repeatedly gives encouragement to get to know and appreciate the self-understanding of other denominations (cf. UR 9). With regard to the liturgical celebrations in the other Christian traditions, the Council restricts itself largely to approaching the real practice of the other denominations in a descriptive, not in a normative way (cf. UR 3; 22). It may be seen as a great achievement in ecumenical hermeneutics when members of one denomination learn to respect the perspective of members of another. In the celebration of the Holy Communion/Eucharist in another denomination, some elements will appear strange. This situation favours an intensive listening to the promises of God. The celebrations of the Holy Communion/Eucharist in ecumenical fellowship are therefore an especially spiritual gift.

(5.7.2) With regard to the forms of celebration of the Holy Communion/Eucharist practised in the diversity of Christian confessions, it should be recalled that the Reformation and Roman Catholic traditions can broaden their view by studying other confessions and seeing how they celebrate in their rites the memorial of the death and resurrection of Jesus Christ in its meaning for us. In the Orthodox tradition, for example, the emphasis is placed on the mystery of the presence of Jesus Christ in the Holy Spirit as well as on the perception of the bond between the believers assembled to give praise together on earth and in heaven; while in the free church tradition the emphasis lies on the proclamation of the gospel in God's Word as well as on a symbolic meal which, in the sense of Jesus Christ, intends to promote reconciliation and make it tangible within the fellowship that confesses him.

(5.7.3) In particular, ecumenical sensitivity requires that, when Christians of other confessions are present, the form and conduct of the service should avoid everything that might hurt their feelings, within reasonable limits. This also presupposes knowledge of one another's point of view.

6. The ministry at Eucharistic celebrations

(6.1) The differences in the understanding of ministry and apostolic succession that emerged during, and particularly after, the Reformation have meanwhile been identified in the ecumenical dialogues as a central obstacle to fellowship at the Holy Communion/Eucharist. From the point of view of the Second Vatican Council, the Reformation churches »have not retained the proper reality (substantia) of the eucharistic mystery in its fullness, especially because of the absence of the sacrament of Orders (defectus sacramenti ordinis« (UR 22). For this reason, Roman Catholic believers may receive the Eucharist permissibly in the churches in which they consider the sacrament of the Eucharist to be validly administered (cf. CIC 844 §§ 1–2). Conversely, although the Protestant side does not deny the validity of the consecration or ordination in the Roman Catholic Church, nonetheless the Reformers' criticism of the doctrine of transubstantiation, of the denial of the lay chalice, of the sacrificial character of the Mass (for clarification of these questions, see the preceding sections of this text) and of the celebration of the Mass without a congregation were relevant to the right administration of the sacrament. Moreover, it was particularly the criticism of the sacrificial character of the Mass which involved a fundamental question on the apostolicity of ministerial understanding, whereby the priest is understood as the subject of the sacrificial act. According to Protestant understanding, the ministry is responsible for the pure proclamation of the gospel and the proper administration of the sacraments, thus serving to ensure that the church »be and abide in the truth« and thus in its apostolicity. The order of ministry itself does not guarantee the truth, and the appointment to office is not associated with a higher level of grace. Admittedly, according to Protestant understanding, the celebration of the Lord's Supper is also »valid« if there is an underlying problematic understanding of ministry, because the soteriological meaning depends solely on Christ's own promise of his presence in the celebration. Nevertheless, the Roman Catholic understanding of the Eucharist and of ministry was for a long time a cause for Protestant churches not to recommend Protestant Christians to participate in the Eucharist, or even to prohibit it (and this is still the case for some Reformed churches today). A change has only taken place in the context of the ecumenical movement. In the Protestant/Roman Catholic dialogues on the understanding of ministry which have taken place so far, fundamental agreements have been reached which are important for the question of fellowship at the Holy Communion/Eucharist, but above all for the possibility of a practice of reciprocal Eucharistic hospitality.

(6.2) To summarise, the following convergences have been reached, and the following questions are open:

(6.2.1) General or common priesthood of baptised believers: Regarding the church ministry, the current understanding is the common insight that all Christians gain a share in Christ's priesthood through baptism in faith. Thus all Christians are called to proclaim the gospel in word and deed and to bring praise, thanksgiving and intercession before God in, with and through Christ. Thus they form the priestly people of God, are the body of Christ and bear a co-responsibility for the teaching and life of the Church according to the gospel. The general/common priesthood of the believers requires necessarily the *public* proclamation of the gospel and the celebration of the sacraments, by which the Church is founded, gathered and kept as *communio sanctorum;* according to common Protestant and Roman Catholic conviction, the pure proclamation of the gospel and the celebration of the sacraments in accordance with Jesus Christ's institution are constitutive in order that the Church exists and remains in the truth; they are the means by which Jesus Christ himself builds up his Church,.

(6.2.2) The service of the ministry bound to ordination: The Confessio Augustana confesses, in accordance with Roman Catholic teaching, that no one in the Church should teach publicly without being regularly called (CA XIV). The special feature of the ministry associated with regular calling in ordination consists in the *public* proclamation of the gospel by preaching and in the leadership at the celebration of the sacraments. While public teaching was called for in the 16th century in distinction to proclamation in the private sphere and referred to the entire public sphere, whether in church or in local society, the public responsibility of the ecclesiastical ministry is nowadays principally defined in relation to the proclamation to the general church public, whether locally or regionally. Through the public teaching of the gospel and the celebration of the sacraments, the special ministry serves the apostolicity and unity of the Church and at the same time its holiness and catholicity. The ministry of public proclamation in word and sacrament includes a special responsibility for the being and remaining of the church in truth and for its unity, which has its foundation in Jesus Christ. By this special mandate, the ordained ministry is distinct from, and counterpart of, the general/common priesthood of all believing baptised persons. It is precisely this juxtaposition which enables this ministry to serve the Church as the communion of believers and to assist the vocation of the baptised and the believers to the general/common priesthood.

(6.2.3) The origin of the ordained ministry: It is a joint conviction of Roman Catholics and Protestants that the ecclesiastical ministry of the public proclamation of the gospel in word and sacrament is a divine ordinance. The orderly ministry that is bound to ordination is part of the Church's being. It is not derived from delegation at the behest of the congregation, but to divine vocation and institution.

(6.2.4) Ordination in its meaning for the ministry at the celebration: The ordination which is prerequisite for the proclamation of the gospel in word and sacrament, and thus also for the ministry at the Holy Communion/Eucharist, takes place according to Roman Catholic and Protestant understanding in a service of worship by laying on of hands and prayer. The laying on of hands is the sign of vocation and the invocation of the coming down of the Holy Spirit in the ordination prayer. By this public act of ordination under the laying on of hands and prayer, the person to be ordained is entrusted with the ministry of the public proclamation of the gospel in word and sacrament, which implies a responsibility for the unity of the Church. Ordination is a sign of God's vocation in the power of the Spirit to this ministry, and as such is of particular importance for the liturgical leadership at the celebration of the Lord's Supper. For the person leading the liturgy is fulfilling in the name of the Church the commission of Jesus Christ, who himself becomes present in the Holy Spirit. Secondly, the assembly around the table of the one who promises his presence and gives forgiveness and reconciliation is the realisation of the unity of the Church as the body of Christ. The ministry of proclamation is entrusted with the task of caring for this unity.

(6.2.5) Although the Reformation churches do not designate ordination as a sacrament, because the ordination by laying on of hands and prayer in the New Testament is not connected with a command and a promise of Christ, they see the laying on of hands and prayer as constitutive components of the ordination ceremony in the calling to ministry. Conversely, the Roman Catholic side today – in contrast to an early practice that lasted for centuries – clearly states that the presentation of the sacred vessels is not constitutive for the act of ordination, but only the prayer of the Church in connection with the laying on of hands.

(6.2.6) As far as the effect of ordination is concerned, according to Roman Catholic understanding it establishes as sacramental consecration a *character indelebilis*. When this definition is rejected by the Protestant side, the associated criticism is directed towards the idea that the ordination leads to an increase in the new state of grace founded in baptism. According to Protestant understanding, baptism alone conveys a *character indelebilis.* With prayer and the laying on of hands during the ordination act, however, Protestants are also certain that the prayer for the gift of the Spirit in the ministry will be heard. By ordination the whole person is called to a life of service in the proclamation of the gospel in word and sacrament. Accordingly, ordination is an action once and for all that is not repeated. The criticism of the definition of the *character indelebilis* thus neither disputes the necessity of spiritual gifts for the appointment to the ministry, nor the lifelong commitment. Moreover, according to Roman-Catholic doctrine, ordination is not understood as an increase in the state of grace conferred in baptism, but as a vocation to a serve the basic functions of the church in a particular way (cf. LG 10).

(6.2.7) Ordination and episcopate: According to the common Protestant and Roman Catholic understanding, the act of ordination is part of the responsibility of the episkopé (supervision), which concerns the preservation of the pure doctrine and unity of the Church. The task of supra-regional episkopé is necessary for the unity and apostolicity of the Church and has a personal, synodal and collective dimension.

(6.2.8) For the Roman Catholic Church, the structure of the episkopé as the successors of the apostles is necessarily connected with the episcopal ministry in historical apostolic succession. According to Roman Catholic understanding, the episcopate in historical apostolic succession, exercised in a personal, collegial and collective way, is indispensable to the Church's existence. According to some recent Roman Catholic documents, religious communities which have not preserved the historical succession in the episcopate »lack«

a ministry capable of recognition, with the result that the original and complete reality of the Eucharistic mystery does not appear to be preserved. The term *defectus ordinis* (UR 22.3), however, indicates a shortcoming, not a complete absence of ministry. However, it is undisputed that there is a ministry in the Protestant churches that serves the gospel.

(6.2.9) On the Protestant side, with recourse to New Testament and early church doctrine, the original unity of episcopal and parish ministry is regarded as valid, which thus includes the presbyterial succession. This practice was finally introduced in the Reformation period, after no bishops of the old belief were willing to ordain clergy who had embraced the Reformation doctrine. The presbyterial ordination did not reject the importance of episcopal succession. It is rather the case that in Protestant understanding the supra-regional episkopé is responsible for ordination. But in contrast to Roman Catholic doctrine, this office of supra-regional episkopé can be structured in various ways.

(6.2.10) Despite the differences regarding the apostolic succession in the episcopate and its jurisdictional configuration, there is agreement that the apostolic succession includes an orderly organisation of the supra-regional episkopé which includes the personal, collegial and collective dimension. Historical studies can also show that in the theological tradition in the Middle Ages (based on Hieronymus and Ambrosiaster) the idea of a legitimate presbyterial succession was quite common. For a long time it was the prevailing theological conviction that the office of presbyter only differed from the office of bishop in the area of jurisdiction (Decretum Gratiani, Thomas Aquinas and Bonaventura). Moreover, in ecumenical dialogues the insight gained ground that aspects of pneumatology and the theology of justification have to be taken into account in order to evaluate and recognise the ministries. For Roman Catholic understanding, the »Joint Declaration on the Doctrine of Justification«, which was able to unfold a common understanding of the grace of God promised in the gospel, implies that the Reformation churches have preserved the apostolic doctrine and that their order of ministries was and is evidently able to serve the succession in the apostolic teaching. Therefore, it is impossible to base the declaration of *defectus ordinis* on the denial of the spiritual effectiveness of Protestant ministries. According to the statements of the Second Vatican Council, collegiality is essential for the apostolic succession in the episcopate, and historical succession is not to be understood in the mechanical sense of an unbroken chain of the laying on of hands. If this is the case, taking account of the fundamental consensus gained in the doctrine of justification and the agreement on fundamental questions of ministry, one »cannot exclude, on the Catholic side, those episkopoi from the circle of those whose conformity is from the Catholic point of view a sign for the apostolicity of doctrine« (The Apostolicity of the Church, n. 291, DWU 4, 625).

(6.3) With regard to the question of apostolic succession, the results of the international and national dialogues can be summarised in this way:

(6.3.1) One of the essential features of the Church as a whole is its apostolicity. This is to be understood as a hallmark of the Christian faith community. The faith community confesses the fulfilment of apostolicity as an effective gift of the Holy Spirit, and its absence requires constant efforts to renew the Church in accordance with the original apostolic model. The apostolic gospel is passed on in the community of the baptised. It is necessary to preserve the apostolic faith in spite of the vicissitudes of history. The guiding intentions are of a missionary (first encounter with the gospel) and a mystagogical (deepening one's familiarity with the gospel) nature.

(6.3.2) When discussing the apostolic succession it makes sense to distinguish between a material and a formal aspect. The essential content of the apostolic faith is the scripturally based confession of the salvific importance of the incarnation, of the life, suffering, death, resurrection and exaltation of Christ crucified and of the coming of the Spirit of God, as testified in the early Christian creeds. There are a number of forms in which the original apostolic faithfulness was preserved; this is not limited to the work of the ministry founded by the apostles, which is in principle recognised as such by all Christian traditions, but is to be seen against the widespread background of liturgy, diaconia and witness in word and deed of the entire faith community. Many dialogue documents state that there are various ways in which the Church can secure the continuity of the apostolic faith, and that the topic of the apostolic succession in the episcopate is to be dealt with in this overall context.

(6.3.3) The »successio personae« (succession by officially appointed people), which is essential for the ministry according to Roman Catholic understanding, then does not contradict the Reformation's understanding of succession as »successio verbi« (succession in faithfulness to the Word of the Gospel), if the apostolic heritage preserved in the canon of Holy Scripture is decisive as foundation and critical corrective for the exercise of the ministry.

(6.3.4) The (proper) transfer of ministry through epicletic prayer and the laying on of hands does not indisputably ensure that individual ordained persons remain true to the apostolic faith. The history of the churches shows time and again that the preservation of tradition and official succession can lead to considerable conflicts. The laying on of hands with the effective prayer for the gift of the Spirit for the person ordained is a sign that has proved itself in tradition, but a rite that is only outwardly performed does not guarantee that the promise associated with this sign will be effective.

(6.3.5) Given that church ministries are clearly and publicly effective, it seems theologically appropriate – taking pneumatological aspects into account – to recognise them as the work of the Spirit and judge them spiritually. From this perspective, the focus does not lie primarily on the historical, formal way in which people were appointed to lead parishes and preside over the Eucharist; attention is rather directed towards the recognisable fruitfulness of church ministries and offices in the respective, culturally differentiated world of experience (via empirica). Such an approach to the theme argues on the basis of transcendental reflection, recognising that the condition for the possible effectiveness of official actions (strengthening Easter hope; consolation of consciences; parish building; encouragement of diaconia in the social context) is God's action in his Holy Spirit through those called to ecclesial ministry.

(6.3.6) The later texts of the New Testament already support the first attempts to distinguish between the office of congregational leadership and that of supervision (episkopé), and this differentiation has proven itself many times in the history of Christian faith communities. Supra-regional offices have been maintained in various ways (personal, collegial or communal) and in varying terminology (bishop, president, church president, superintendent etc.) in the individual churches down to the present day. In many recent ecumenical documents attention is increasingly directed to a common description of the exercise of the episkopé with the intention of preserving the apostolic origin of the Church.

(6.4) Practical steps must be taken as a result of the ecumenical convergences that have been achieved. A full communion of the Roman Catholic Church with the Protestant churches at the Lord's Table not only requires mutual recognition of ministries, but also agreement on the understanding of the relationship between fellowship at Holy Communion/Eucharist and communion of the churches. It must also be clarified whether and to what extent church communion necessitates agreement on all questions of the order of ministry. For many centuries, church membership in the common Catholic tradition was based on baptism and faith; the readiness to fellowship with the Bishop of Rome was a prerequisite. Restricting the definition of the »real« church to the exclusive criterion of apostolic succession in the sacrament of holy orders is a more recent development in individual Roman Catholic doctrinal texts. This concept and the theological intention that lies behind it cannot claim to be based on the Second Vatican Council. Even though a clarification of this question has not yet been achieved in the ecumenical dialogues, fundamental theological agreements on the ministry already exist. The common convictions regarding the origin, mission, characteristics and importance of the ministry for the unity of the Church concern fundamental definitions of the apostolicity of the ecclesial ministry. They dispel the Protestant reservations about the Roman Catholic view of the role of the ordained ministry and allow the Roman Catholic side to see that the ordained ministry in the Protestant churches serves to maintain the apostolic tradition. Faithfulness to the apostolic origin is not humanly guaranteed in the discipleship of Jesus Christ, but is rather a gift of the Spirit of God. It is crucial for the New Testament concept of the apostolate that people give public testimony to the resurrection of Jesus Christ and thus assume responsibility for the formation and maintenance of the Christian community. Since this is guaranteed both in the Roman Catholic Church and in the Protestant churches, no theological argument stands in the way of the mutual recognition of the apostolicity of ministries. Church ministries work in the power of the Spirit of God through the proclamation of the gospel in word and sacrament; the spiritual efficacy of the ministries which can be experienced and perceived by the fellowship of the baptised is the basis for spiritual judgment of the valency of the ministries.

7. *The relationship between church communion and Eucharistic communion*

(7.1) There is fundamental agreement between Roman Catholic and Reformation theology that the Eucharistic celebration not only enables an encounter of one person with Jesus Christ, but that the liturgy of the Holy Communion/Eucharist is a symbolic act in which the community of the assembled believers – in their fellowship with one another in Jesus Christ – is assured of the foundation of their resurrection existence by listening to God's Word and celebrating the meal together. In the eras of church history, individual movements within all denominational traditions have repeatedly succumbed to the dangers of restricting the perspective to individual participation in the Eucharist. Liturgical reform movements have often dealt with the theological character of the Eucharistic celebration as a thanksgiving on the part of the community of Christian believers for the reconciliation granted by God to this community, and they continue to do so. In ecumenical dialogues the question arises as to which form of church communion is the prerequisite for communion at the Eucharistic meal. Is it sufficient to be united in confessing Jesus Christ and to agree in the theological understanding of liturgical acts? Or is it necessary for the churches to be united at the institutional level in order to celebrate the Holy Communion/Eucharist together? The teaching traditions of Protestants and Roman Catholics give different answers to this question.

(7.2) Together all Christian traditions read the scriptures and are convinced that the term »*koinonia*« (communion) is the key word in Paul's Eucharistic texts. Because Jesus Christ allows us to share in his salvific life and death, his »body and blood«, believers are most closely accepted into a life of fellowship with him. That is why for Paul the *koinonia* which results from the Lord's Supper is not simply participation, but rather *common* participation through sharing. Common participation shows its efficacy wherever it turns the participants into a fellowship community. The inner connection of the believers with Christ and with one another is expressed in the interweaving of the three meanings of »body of Christ« which is of central significance for Paul: the body of Jesus Christ as sacrifice on the cross, the body of Jesus Christ as Eucharist, the body of Jesus Christ as the Church. Participation in the Eucharistic body means inclusion in the »body of Christ«. The key text is 1 Cor 10:16f: »The cup of blessing that we bless, is it not a sharing in the blood of Christ? The bread that we break, is it not a sharing in the body of Christ? Because there is one bread, we who are many are one body, for we all partake of the one bread.«

(7.3) From the outset, the Christian meal fellowship has faced two challenges at the same time – identity and integration. Where the identity of believers in the early days of Christianity had to be ensured by concrete delimitation from the outsiders, it was difficult or even impossible to open up the fringes (cf. 1 Cor 8). On the other hand, Paul believes that through Christ a new universal fellowship has already begun. This new fellowship is developing a universal power of integration (cf. Gal 3:28), which is particularly evident in the celebration of the Lord's Supper. *Koinonia* in the Pauline sense is therefore either inclusion in Christ's sacrifice, an inclusion that makes the salvific event on the cross present and experienceable *for all*, or no communion in Christ at all (cf. 1 Cor 11). Therefore, where the disregard of the poor hinders this celebration from overcoming marginalisation, the celebration is not a celebration of the Lord's Supper, but eating and drinking for one's own condemnation (cf. 1 Cor 11:20,24,27,34).

(7.4) In the history of theology there is a wealth of evidence for a theological justification of the close connection between the existing fellowship of believers and the Eucharistic fellowship. In antiquity, the central question was whether the congregation assembled for the Eucharist shared the true faith that was legally recognised by the councils. Serious violations of the promise made in baptism to live a life in accordance with the spirit of Jesus Christ were punished with exclusion from the Eucharistic fellowship; there was a regulated procedure for re-integration into the congregation. With the advent of individual penance through the personal confession of sins before specially appointed confessors, the fellowship spirit of liturgical celebrations lost its significance. Given the Eucharistic piety by contemplation of the transformed host, which began in the early Middle Ages, it is not surprising that the aspect of fellowship-formation associated with the celebration of the sacred meal receded increasingly into the background, even though it has never been explicitly questioned at the theological level. Not least in view of the ecumenical movement, the 20th century brought a rediscovery of the basic communion structure of every liturgical celebration. To this end, the liturgical movements of the Protestant churches as well as the Roman Catholic Church have made an important contribution in the 20th century.

(7.5) Martin Luther also held fast to the inner relationship between the Christ-event, the Holy Communion/Eucharist and the fellowship of believers, vouched for throughout the entire history of Christian tradition, and he made this particularly clear in his writings between 1519 and 1524. In the text *»A Treatise Concerning the Blessed Sacrament of the Holy and True Body of Christ, and Concerning the Brotherhoods«* the fellowship character of the *»unio cum Christo«* by justification is made clear in exemplary fashion with the aid of the image of the body of Christ. Christ and the saints, *communio sanctorum* in the sense of the Creed, form »a spiritual body« into which they are incorporated by receiving the sacrament (cf. *The Sacrament of the Body of Christ:* WA 2,743,7–30). By receiving the sacrament, the communion character of the »gracious transformation and amalgamation« (cf. *The Sacrament of the Body of Christ:* WA 2,749,32) manifests itself by means of justification, simultaneously revealing its ecclesial dimension. This also lies behind Luther's pointed criticism of both a purely subjectivist as well as an objectifying understanding of the sacrament, which sees it as an almost magical transformation of gifts (cf. *The Sacrament of the Body of Christ:* WA 2,749,36ff.) and neglects the actual communion character of the event.

(7.6) In the well-known ecclesiological Articles 7 and 8 the Confessio Augustana adopts Luther's definition of the Church as the communion of believers, which is identified with the communion of saints in the Apostolic Creed: »the Church« is nothing other than »the congregation of saints and true believers« (CA 8). The communion of believers is completely determined by what God has done for it through Jesus Christ and by what Jesus does in the worship service by his presence in the power of the Spirit. Thus the congregation gathered around the Word and the Sacrament is, according to the Protestant view, a symbolic representation of the fellowship which is reconciled with God and with one another in Jesus Christ.

(7.7) In the 20th century, several movements in the Roman Catholic Church have worked to strengthen the spirit of fellowship of all believers: the youth movement, the liturgical movement, the Una Sancta movement and the Bible movement. The main concerns of these initiatives were integrated into the documents of the Second Vatican Council. The basic concept of the church as »communio«

laid a theological foundation. The Second Vatican Council names God's own communion in the Trinity as the theological basis (cf. LG 4). The *communio* of the Church is based on the sacraments, and this sacramental foundation in God's trinitarian salvific action makes it impossible to achieve unity and communion by human means. The communion of the Church as such is not made, but given.

(7.8) There are legal obstacles standing in the way of a common celebration of the Holy Communion/Eucharist. The close connection between Eucharist and church communion, which has a historical background and was reinforced by the communio-ecclesiology of the Second Vatican Council, poses a dilemma. When the Council came to define the relationship between church communion and the reception of the sacraments in an ecumenical perspective, the assembled Council Fathers stated first of all that »worship in common is not to be considered as a means to be used indiscriminately for the restoration of Christian unity«. But they immediately reverse this reservation in a positive sense by relating two principles to each other: »bearing witness to the unity of the Church, and sharing in the means of grace«. When this text was presented in the Council Hall, these were declared to be related dialectically. The Council states: »Witness to the unity of the Church very generally forbids common worship to Christians, but the grace to be had from it sometimes commends this practice« (UR 8). The entire post-conciliar doctrinal development and corresponding norms are characterised by this dialectical understanding. Against the background of the aforementioned principles, and taking into account relevant factors obtaining in particular situations or biographies, access to full participation in the Eucharistic celebration for persons baptised in another Christian denomination is made possible.

(7.9) According to Reformation teaching tradition, to belong to the body of Christ after baptism is a sufficient ground for celebrating the Holy Communion/Eucharist together. Since it is not church officials, but rather Jesus Christ himself who issues the invitation to celebrate the memorial of his redeeming sacrifice with those assembled for the meal, no one should be excluded who confesses Jesus Christ through faith and baptism. This open invitation to the baptised to partake in the Holy Communion/Eucharist does not renounce the character of the liturgical celebration as a fellowship meal; it means rather a new definition of the boundaries of fellowship. All those baptised belong to the fellowship, insofar as baptism is the basis of belonging to Jesus Christ and fellowship in the body of Christ.

(7.10) Interdenominational marriages and families are a sign of hope for ecumenism. It is here that fundamental theological principles prove their worth in a specific pastoral situation in face of the challenges of our time. The fellowship of faith that is founded on baptism is fortified in marriage and finds effective application in everyday life. Early testimonies of this tradition designate the conjugal partnership as »house church«. The ecclesial status of the life partnership based on common faith in Jesus Christ can be founded on theological arguments.

(7.11) The mutual recognition of baptism, as expressed in the »Magdeburg Declaration« of 2007, implies ecclesiological consequences and can be understood as a partial step on the way to church communion. Those who have become members of the body of Christ through baptism enter into unity with Jesus Christ and therefore into unity with his people. The »basic understanding on baptism« is stronger than the differences in the understanding of the Church. By analogy, it must be said that the Holy Communion/Eucharist unites us with Jesus Christ, and that those who celebrate the meal are united with Christ and at the same time with his people at all times and in all places. Therefore, it must be seriously considered whether the common »basic understanding« with regard to the Holy Communion/Eucharist does not justify the mutual invitation.

8. *A plea for participation in the celebrations of the Holy Communion/Eucharist with attention to the respective liturgical traditions*

(8.1) The Ecumenical Working Group of Protestant and Catholic Theologians considers the practice of mutual participation at the celebrations of the Holy Communion/Eucharist, respecting each other's liturgical traditions, to be theologically well-founded. It is in particular a pastoral requirement for interdenominational families. Up to now, the solutions have been most unsatisfactory both in individual cases and as a general rule. Our current plea implies the recognition of the respective liturgical forms as well as the leadership ministry obtaining in the congregation which invites persons of other denominations baptised in the name of Jesus Christ to join in their service. This suggestion does not look for a new form of Eucharistic liturgy specially agreed in each case and going beyond the traditions that have developed historically. For the purposes of the practice we propose, it is assumed that baptism is recognised as a sacramental bond of faith and a necessary condition for participation. Under this condition, those authorities can also be respected for whom prayers are offered in the Roman Catholic liturgy (i.e. the local bishops and the Pope). Such an invitation to participation in traditions that are regularly practised implicates that ecumenical conversations will be continued with a view to the future; they will serve to seek answers to the question of how comprehensive visible unity of the Church of Jesus Christ will take shape in earthly time and in human environments.

We base our plea on arguments from the Bible and history, from systematic theology and practical theology, which have been explained in detail above. The main considerations are as follows:

(8.2) The content of the celebrations of the Holy Communion/ Eucharist can today be described by mutual ecumenical agreement. Their reason and purpose are identical: in paschal hope, we celebrate the memorial of Jesus' redeeming life and death as instituted by him, in a liturgical action in which his presence can be experienced in the proclamation of the Word and in the meal by the power of the Holy Spirit. This is why Jesus' words spoken over the bread and wine (verba testamenti) are at the centre of the Eucharistic liturgy: Christians proclaim the death of Jesus, believing that he lives and hoping that he will come for the salvation of the world. The inner preparation of the believers by repentance and contrition before celebrating God's revealed mystery of his reconciling being is a constitutive element in all denominational liturgies, even if in various specific forms.

(8.3) Many ecumenical talks have deepened the realisation that differences in theological contents and forms of liturgical celebration of the Holy Communion/Eucharist must not stand in the way of mutual participation in the celebration of this sacramental mystery. Official doctrinal texts in the Roman Catholic tradition mostly ascribe the division at the Eucharistic meal to differences in the understanding of the presiding ministry. In this sense, they insist on the maintenance of participation in the apostolic mission. In the meantime, it has been possible to reach a common, differentiated understanding of the apostolic succession in numerous national and international ecumenical dialogues, enabling the view that the ordained ministry in its varying confessional forms stands on the apostolic foundation. In the New Testament scriptures, the term »apostle« not only describes the twelve disciples, but also the other witnesses to the resurrected Christ. The assumption that there has been an unbroken chain of laying on of hands from the apostles to the present day was motivated by apologetics from the very beginning and cannot be proven historically. The connection between the apostolic origins and the faith life of today's Christian communities is made and maintained by the power of the Spirit of God. This connection comes through the proclamation of the gospel in Word and Sacrament in accordance with Scripture with the aid of the Spirit of God. It is still necessary today to examine every ecclesiastical office to see whether the criteria of the promised working of the Spirit are fulfilled in the exercise of the ministry, building and fortifying the local congregation, consoling troubled consciences, taking care of the needy and strengthening the resurrection hope. The present ecumenical understanding attaches special importance to the office of regional supervision (the episkopé) – whether as a person or appointed in a presbyterial-synodal fashion – for the examination of these criteria. The care already exercised in ecumenism today in the training, advancement and differentiation of spiritual vocations, as well as in the transfer of ministry in ordination with prayer and laying on of hands – all intended to protect the proclamation of the gospel – entitles us to trust that the ecumenical partners are aware of their responsibility before God as they regulate the transfer of ministry.

(8.4) Ecumenical sensitivity demands that, when organising liturgical celebrations, one should make allowance for the concerns of the other denominations as far as this is possible in the sense of one's own tradition. In this context, the insights gained in the ecumenical talks can make a real difference in practice. The two gestures instituted by Jesus at the meal are to be understood as a strongly expressive two-fold action by which he represents his will to make a new covenant despite the sin of humankind. It conforms to the will of Jesus when all those at the meal eat the broken bread and drink from the one cup. According to ecumenical conviction, the presence of Jesus Christ in the offerings is promised as long as their proper use is recognisable; that is the reason for treating the offerings with care. Individual liturgical prayers should be examined to avoid misunderstandings regarding the concept of sacrifice; they should not give rise to the impression that the congregation is sacrificing Jesus Christ for God, for it is rather God who considers the gifts of the congregation – whether material or spiritual – worthy of serving the celebration of Jesus Christ's gift of his life. In future ecumenism it will be helpful to come to an understanding on binding details and to agree on certain basic rules of liturgical practice.

(8.5) Many baptised people are shaped by their own confessional tradition and therefore hardly familiar with how the Holy Communion/Eucharist is celebrated in other churches. The celebration of this sacrament can not only be regarded as a high point in the faith life in church communions that already exist. Experience suggests that the experience of Eucharistic communion in the celebration of the Lord's Supper is also a source of hope on the way to the goal desired by God: the full visible unity of the Church in the presence of the Kingdom of God. On the route to this goal, people who are already sacramentally connected in baptism can draw strength from the celebration of the meal in order to stand the tests of everyday life and find encouragement in serving their neighbours in the world.

Literatur- und Abkürzungsverzeichnis

Literatur

Lutherisch/Römisch-katholischer Dialog, Die Apostolizität der Kirche. Studiendokument der Lutherisch/Römisch-katholischen Kommission für die Einheit (2006), in: Dokumente wachsender Übereinstimmung. Sämtliche Berichte und Konsenstexte interkonfessioneller Gespräche auf Weltebene, Bd. 4 (2001–2010), Leipzig/Paderborn 2012, 527–678.

Abkürzungen

Die verwandten Abkürzungen entsprechen den Abkürzungen des IATG³: Schwertner, Siegfried M. (Hg.), IATG³ – Internationales Abkürzungsverzeichnis für Theologie und Grenzgebiete, Berlin/Boston ³2014 sowie den Abkürzungen des LThK: Kasper, Walter u. a. (Hg.), Lexikon für Theologie und Kirche, Bd. 11, Freiburg im Breisgau ³2006.

Die Abkürzungen der Biblischen Bücher entsprechen den Abkürzungen des Ökumenischen Verzeichnisses der biblischen Eigennamen nach den Loccumer Richtlinien.

Bibliography and Abbreviations

Bibliography

Lutheran-Roman Catholic Commission on Unity, The Apostolicity of the Church. Study Document of the Lutheran-Roman Catholic Commission on Unity (2006), Minneapolis 2006.

Abbreviations

Abbreviations can be found in International glossary of abbreviations for theology and related subjects: Schwertner, Siegfried M. (ed.), International glossary of abbreviations for theology and related subjects, Berlin/Boston ^{3}2014 and in LThK: Kasper, Walter et al. (eds.), Lexikon für Theologie und Kirche, Vol. 11, Freiburg im Breisgau ^{3}2006.

The common abbreviations were used for biblical books.

MitarbeiterInnen »Gemeinsam am Tisch des Herrn«

- Georg Bätzing (Bischöflicher Vorsitz)
- Dorothea Sattler (Wissenschaftliche Leitung)
- Franz Xaver Bischof
- Christoph Böttigheimer
- Benjamin Dahlke
- Eva-Maria Faber
- Albert Gerhards
- Johanna Rahner
- Thomas Söding
- Michael Theobald
- Eberhard Tiefensee
- Klaus Unterburger
- Peter Walter †
- Myriam Wijlens

- Martin Hein (Bischöflicher Vorsitz)
- Volker Leppin (Wissenschaftliche Leitung)
- Christine Axt-Piscalar
- Michael Beintker
- Walter Dietz
- Katharina Greschat
- Hans-Peter Großhans
- Thies Gundlach
- Corinna Körting
- Christof Landmesser
- Christoph Markschies
- Karl-Wilhelm Niebuhr
- Friederike Nüssel
- Christian Schad
- Helmut Schwier
- Gerard Cornelis de Hertog
- Birgit Weyel